Villa König

lädt ein

Impressum

Idee, Konzept & Text: Yvonne König
Alle Fotos: Yvonne König, außer Seite 7 li.,
25, 37 li., 39 re., 47 li., 67 li., 68 o., 94, 120 u.,
137 re.: Oliver König
Layout, Satz & Covergestaltung:
Antje Warnecke | www.nordendesign.de
Korrektorat: Birgit van der Avoort
Programmleitung & Produktmanagement:
Susanne Klar, Christine Rauch
Druck & Bindung: APPL, Wemding

© Lifestyle BusseSeewald in der
frechverlag GmbH Stuttgart, 2015

1. Auflage 2015

ISBN: 978-3-7724-7381-4
Best.-Nr. 7381

Villa König

lädt ein

Yvonne König adelt den Alltag und den Festtag.

Lifestyle
BUSSE SEEWALD

Inhalt

Vorwort

Herzlich willkommen in der Villa König

Wie schön, dass Sie mein Buch „Villa König" in den Händen halten. Ich freue mich, Ihnen in diesem Buch meine absoluten Lieblingsfeste vorstellen zu dürfen. Feste feiere ich gern und das ganze Jahr über mit meiner Familie und mit lieben Freunden. Manchmal zelebrieren wir den Alltag, manchmal feiern wir die Jahreszeiten oder besondere Feiertage. Manche Feste fallen kleiner aus, andere werden in größerem Rahmen und aufwendiger gestaltet. Aber allen ist gemeinsam, dass sie etwas Besonderes sein sollen. Jemandem Freude zu bereiten und zusammen Spaß zu haben, das erhöht die Lebensqualität und schafft unvergessliche Momente.

Die Zeit, die wir mit Familie und Freunden verbringen, ist einfach die schönste Zeit.

Als ich, aufgrund meines Blogs „Villa König", gefragt wurde, ob ich nicht Lust hätte, ein Buch zu diesem Thema zu schreiben, war ich sofort Feuer und Flamme. Denn ich liebe es, zu dekorieren, in der Küche zu experimentieren und liebe Menschen zu bewirten. Wenn ich ein wenig von dieser Leidenschaft an Sie weitergeben kann, ist das für mich die größte Freude.

In diesem Buch zeige ich Ihnen einige meiner Lieblingsrezepte sowie meine schönsten Dekorationen, die ich schon häufiger bei Festen genutzt habe. Einige Rezepte und Gestaltungsideen sind schnell und einfach umzusetzen, andere wiederum brauchen etwas mehr Vorbereitungszeit. Aber immer lässt sich vieles im Voraus erledigen, sodass am Festtag genug Zeit für die Gäste bleibt und man die schönen Stunden zusammen genießen kann.

Ich hoffe, Sie haben viel Spaß dabei!

Alles ist vorbereitet. Die Gäste können kommen.

Villa König

*Meine „Villa König" ist ein kleines Haus auf dem Land,
wo sich Fuchs und Hase Gute Nacht sagen.*

Aufgewachsen in Köln, bin ich vor einigen Jahren von der Großstadt hinaus aufs Land gezogen. Seit drei Jahren wohnen wir nun in unserem kleinen Haus, in dem wir mittlerweile schon etliche schöne Ereignisse und Feste gefeiert haben. Kleine Begebenheiten ebenso wie größere. Dafür probiere ich immer wieder neue Dekorationen und Rezepte aus. Es bereitet mir große Freude, unsere Gäste mit etwas Neuem zu überraschen.

Ebenso liebe ich es, kleine Gastgeschenke als Erinnerung an die schöne gemeinsame Zeit zu schaffen. Es muss nichts Aufwendiges sein, eine schöne Karte, hübsch verpackte kleine Leckereien aus der Küche oder liebevoll hergestellte kleine Dekorationen wie Tischkärtchen, die später jeder mit nach Hause nehmen kann. Für die jeweilige Tisch- und Raumdekoration nehme ich mir gern etwas Zeit, denn meine Leidenschaft war schon immer das Dekorieren. Man könnte sagen, es wurde mir

in die Wiege gelegt. Eine meiner frühesten Kindheitserinnerungen ist das „Möbelrücken" meiner Mutter. Für mich war es immer mehr als nur ein Hobby; es war und ist eine Lebenseinstellung, mich mit schönen Dingen zu umgeben. Ich mag es, in ein Zuhause einzutreten, in dem das Interieur viel über die Persönlichkeit desjenigen aussagt, der dort lebt. Wo Möbel und Wohnaccessoires mit Liebe ausgesucht und dekoriert wurden, findet man oft eine Gemütlichkeit und Wärme, ein Gefühl des Sich-Wohlfühlens. Man spürt, dass man willkommen ist.

Dieses Gefühl möchte ich auch bei unseren Festen vermitteln. Jeder Gast soll sich sofort wohlfühlen. Natürlich kann man auch spontan, das heißt ohne viel Nachdenken und ohne große Dekoration, feiern. Aber schön dekorierte Tische, der Lieblingskuchen zum Geburtstag, der Osterbrunch mit Eiersuche – all das schenkt unvergessliche Momente. Zeiten, an die wir uns gern erinnern.

Rezepte und Listen hänge ich an der Pinn-wand über dem Schreibtisch oder auch gerne mal gut sichtbar in der Küche auf.

Hübsche Tischdecken lassen sich schnell und einfach aus schönen Stoffen nähen.

In meiner kleinen Küche probiere ich immer gerne neue Rezepte aus. Der alte schmale Tisch wandelt sich dann schnell vom Frühstückstisch zur Arbeitsfläche.

Dafür braucht es nicht viel; nicht viel Platz und auch nicht viele Dinge. Oft lässt sich mit vorhandenen Möbeln und Gegenständen improvisieren. Und mit der Zeit sammelt sich von ganz allein das eine oder andere schöne Porzellan an, man näht Tischdecken oder Servietten oder findet hübsche Kleinigkeiten in der Natur wie Tannenzapfen, Muscheln, Treibholz und Ähnliches.

Ich erinnere mich heute noch an meine erste Silvesterparty, zu der ich einlud. Ich lebte damals in einer kleinen 23 Quadratmeter großen Studentenwohnung mit Dachschräge. Im Grunde bestand meine Wohnung aus einem Zimmer mit Küchenecke und einem Bad. Aber ich verbrachte dort mit meinen Freunden zwei Jahre hintereinander die schönsten und lustigsten Silvesterabende. Mitten im Raum hatte ich eine schöne Decke und viele Kissen ausgebreitet und wir saßen dort wie bei einem Picknick und aßen und tranken. Später wurden Decke und Kissen beiseitegeschafft und die „Tanzfläche" wurde eröffnet. Wenn ich heute die Bilder betrachte, muss ich schmunzeln, wie wir alle in den Raum gepasst haben.

Was ich damit sagen will: Es muss nicht immer der perfekte Raum sein. Die Stühle müssen nicht unbedingt zusammenpassen oder es muss auch kein neuer Esstisch her, bevor man ein Fest feiern kann. Vieles lässt sich improvisieren. Es ist vollkommen egal, ob sechs unterschiedliche Stühle am Tisch stehen. Mit ein paar kuscheligen Kissen sehen diese nicht nur toll aus, sondern sind auch sehr bequem. Eine hässliche Tischplatte lässt sich im Handumdrehen mit einer Tischdecke verschönern. Ebenso gut kann man dafür auch eine geschmackvolle Gardine nehmen, wenn nichts anderes vorhanden ist. Statt Kissen kann eine Decke zur Sitzunterlage zusammengefaltet werden. Der Gartentisch kann reingeholt, das Sofa für mehr Platz an die Wand geschoben werden. Es gibt unzählige Möglichkeiten, um aus seinen Möglichkeiten das Beste zu machen. Das Einzige, was man nicht tun sollte, ist, es nicht zu tun!

Mit ein wenig Dekoration sieht jeder Raum sofort einladend und festlich aus. Und gerade diese liebevollen Kleinigkeiten sind es, die den Gästen in Erinnerung bleiben, von denen sie vielleicht noch lange reden, einfach, weil sie sich so wohlgefühlt haben. Da achtet keiner darauf, ob alle Stühle den gleichen Stil haben.

Ich improvisiere auch heute noch sehr viel. Der richtige Esstisch ist noch nicht gefunden, also steht unser ehemaliger Küchentisch im Wohnzimmer und kann mit einer selbst gebauten Tischplatte vergrößert werden, die ich hin und wieder auch sehr gern als Deko-Element nutze. Außerdem suche ich mir nach und nach schönes Porzellan zusammen. Ich habe ein weißes, sehr elegantes Service, das ich oft und gern nutze. Aber für ein wenig mehr Abwechslung besorge ich mir immer wieder zusätzliches Geschirr. Dafür stöbere ich auf Flohmärkten oder im Internet, aber auch in hübschen Deko-Läden. Tischdecken und Stoffservietten nähe ich selbst. Das ist nicht teuer oder aufwendig, und ich kann dadurch immer wieder ein anderes Interieur schaffen. Man muss keine geübte Näherin sein, denn durch die geraden Nähte lassen sich Decken und Co. leicht verwirklichen.

Gern suche ich mir in der Natur verschiedene Materialien zusammen und habe fast immer eine kleine zusammengefaltete Tasche dabei, falls je nach Jahreszeit Tannenzapfen, Kastanien, Nüsse und andere Dinge meinen Weg kreuzen. Wenn wir an der See sind, halte ich nach Muscheln, Treibholz und anderem nützlichem Strandgut Ausschau. So hat sich im Laufe der Zeit ein kleiner Fundus an Dekorationsgegenständen angesammelt, auf den ich gern zurückgreife und mit dem ich die eine oder andere Dekoration improvisieren kann. Wer nicht suchen und sammeln möchte, wird heute auch in Bastelläden fündig. Natürlich muss man nicht alles horten. Aber es macht Spaß, verschiedene Optionen für eine schöne Tischdekoration je nach Jahreszeit zu haben und diese immer wieder unterschiedlich einzusetzen und abzuwandeln.

Der alte Küchenschrank aus den 1940-iger Jahren bietet viel Stauraum für schönes Porzellan, Gläser, aber auch Tischdecken, Kissenbezüge und Servietten. Weiß gestrichen sieht er weniger wuchtig und groß aus und die mit Hasendraht verkleideten Türen geben ihm zusätzlich etwas Leichtes.

Einmal angefertigte Schablonen hebe ich mir immer auf.

Schöne Tischdecken und Servietten, Porzellan und Gläser, Bestecke und vieles mehr fristen häufig ein trauriges Dasein im Schrank. Früher wurden die „guten Sachen" aufbewahrt und nur zu einem ganz besonderen Anlass hervorgeholt. Aber gerade die glanzvollen Stücke sollten genutzt werden. Sie sind viel zu schade, um im Schrank versteckt zu werden. Hören Sie sich im Familienkreis um und fragen Sie, was eventuell nicht mehr gebraucht wird oder vererbt wurde. Gerade die Dinge mit Familiengeschichte sind etwas ganz Besonderes und machen jeden Tisch einzigartig.

Planung für ein gelungenes Fest

Wenn Sie ein Fest veranstalten wollen, ist es wichtig, rechtzeitig mit der Planung zu beginnen. Vor allem bei größeren Festen, aber auch bei kleineren Anlässen, plane ich daher immer im Voraus und schreibe auf, welche Rezepte ich zubereiten möchte, wie ich was dekorieren kann, was ich alles im Haus habe und was ich noch besorgen muss. Ein Zeitplan hilft mir bei der Organisation. Was kann ich im Voraus zubereiten? Was kann ich erst am Tag der Feier erledigen? Wie viel Zeit brauche ich für die Tischdekoration? Möchte ich kleine Gastgeschenke verschenken oder bastle ich Tischkarten und Dekorationen?

Den Zeitplan erstelle ich mir je nach Fest eine Woche oder zwei bis drei Tage vor der eigentlichen Feier. Dann habe ich genügend Spielraum, mir Rezepte herauszusuchen und passende Dekorationen zu überlegen. Welche Farben passen? Was nehme ich aus meinem Fundus? Was muss ich noch basteln? Ich versuche, aus wenig viel zu machen und mit dem, was ich habe, unterschiedliche Dekorationen zu kreieren. Mein geerbtes Silberbesteck gehört zu meinen Lieblingsstücken, die ich oft einsetze.

Wenn die Rezepte geplant sind, schreibe ich eine Einkaufsliste und überlege, wann ich alles einkaufe. Danach

Wie gelingt eine schöne Tischdekoration

Eine hübsche Kuchenplatte ist in meinen Augen immer eine lohnenswerte Anschaffung. Ein Kuchen wird darauf sofort zum Blickfang. Eine Platte in neutralem Weiß lässt sich immer wieder anders einsetzen und mit schöner Dekoration verändern.

Ein Lieblingsgeschirr, am besten farblich neutral, das sich immer wieder variieren lässt, ist absolut nützlich. Mit einem entzückenden Porzellan wird jeder Tisch zur Tafel. Ein feines Besteck, vielleicht ein altes Silberbesteck, hat eine enorme Wirkung. Manchmal gibt es alte Familienerbstücke, die seit Jahren darauf warten, wieder benutzt zu werden. Filigrane Gläser vervollkommnen das Ganze.

Im Alltag nutzen wir gern dekorative Papierservietten, aber bei Festen finde ich Stoffservietten wesentlich ansprechender. Sie sehen einfach eleganter aus.

kommt eine kleine Übersicht: Wann bereite ich was vor? Habe ich für das Fest eine ausreichende Zahl an Stühlen oder muss ich mir welche leihen? Ist der Tisch groß genug? Was für Servietten, Geschirr und Tischtuch möchte ich nutzen? Die Listen hänge ich an meine große Pinnwand in meinem Kreativzimmer oder befestige sie mit Masking Tape in der Küche und ergänze sie je nach Bedarf.

Aber trotz einer guten Vorbereitung kann immer etwas schiefgehen. Wenn das der Fall sein sollte, ist es das Beste, die Lage mit Humor zu nehmen und darüber zu lachen. Meistens sind dies die besten Anekdoten, die später immer wieder erzählt werden. Ich vergesse beispielsweise nie mein Macaron-Desaster. Wer schon mal Macarons gebacken hat, weiß, dass es wichtig ist, die aufgespritzten Teigkugeln gut antrocknen zu lassen. Aus Zeitmangel habe ich das einmal ignoriert. Das Resultat waren keine gleichmäßig runden Pistazien-Macarons, sondern platte grüne Flundern. Der Teig war überhaupt nicht aufgegangen. Wir haben herzlich darüber gelacht, der Nachmittag wurde trotzdem toll und wir erinnern uns immer noch gern an mein Missgeschick.

Ein kleiner Moodboard-Tisch

Für die jeweilige Raum- und Tischdekoration inspiriere ich zuerst meine vorhandenen Schätze und verschaffe mir so für jedes Fest einen genauen Überblick. Was würde gut zu meinem Festthema passen? Was könnte ich leicht verändern? Ein kleiner Tisch hilft mir, meine „Fundstücke" zu sammeln und auszuwerten. Durch das Arrangieren der Gegenstände auf dem Tisch sehe ich, was passt. So entsteht eine Art Moodboard, das mir hilft, meine Dekorationsideen auszubauen. Es bringt mich in die richtige Feststimmung und spart Zeit. Ich weiß dann genau, welche Dinge ich für die bevorstehende Feier nutzen möchte. Mir kommen dabei oftmals neue Ideen für kleine Basteleien. Auf dem kleinen Tisch, der an einer

Wand im Wohnzimmer steht, kann ich die ausgewählten Sachen bis zum Festtag liegen lassen. So steht alles parat, um den Tisch vor der Feier rasch eindecken zu können. Wer keinen kleinen Beistelltisch besitzt, kann auch eine Kommode oder ein Sideboard zur „Sammelstelle" umfunktionieren.

Mein edles weißes Porzellan gehört zu meinen absoluten Lieblingsstücken, die ich seit Jahren immer wieder gerne nutze. Aber auch das alte hübsche Streublümchenporzellan mag ich sehr, da es mich immer an meine Oma erinnert und mir daher sehr ans Herz gewachsen ist.

Gut geplant und vorbereitet können wir den Festen entspannt entgegensehen und uns darauf freuen.

Valentinstag

Sich Zeit nehmen für den anderen. Miteinander reden, lachen und es sich gut gehen lassen. Den Alltag einfach vergessen und an nichts denken müssen als an den Partner. Den Alltag zum Fest machen. Den Tag der Liebenden genießen.

Tag der Liebenden

Für mich ist der Valentinstag Romantik pur.

Zur Entstehung des Valentinstages gibt es mehrere Legenden. In England etwa wird der Tag der Liebenden schon seit dem Mittelalter zelebriert. Natürlich braucht man keinen speziellen Tag, um sich gegenseitig seine Liebe zu beteuern, aber schön ist die Idee trotzdem. Deshalb lasse ich mir jedes Jahr am 14. Februar etwas Besonderes einfallen. Wenn ich eine Festdekoration plane, gehe ich immer im Kopf durch, was ich mit dem jeweiligen Fest verbinde. Wofür steht das Fest? Was bedeutet es mir? Der Valentinstag ist für mich unmittelbar mit der Farbe Rot verknüpft. Auch Herzen gehören für mich dazu, sie sind für mich der Inbegriff von Liebe und dürfen an diesem Tag auf keinen Fall fehlen.

Meine Farben für dieses Fest

Meine Valentinsfarben stehen schnell fest. Rot symbolisiert für mich die Farbe der Liebe. Ergänzend dazu mag ich leichtes zartes Weiß. Bei Farben versuche ich, nie mehr als zwei oder drei Hauptfarben zu wählen, damit die Dekoration nicht zu überladen wirkt, sondern sich eher wie ein „roter Faden" durch den Raum zieht. Wenn die Deko ein wenig verspielt ausfällt, ist es gut, sich auf wenige Farben zu konzentrieren. So kommt jedes Detail besser zur Geltung. Wie beispielsweise die zahlreichen roten und weißen Herzen, die ich im Raum verteilen möchte. Rote Blumen mit ihrem üppigen Duft werden die herzige und leicht verspielte Dekoration ergänzen.

Duftende Inspiration

Für den Valentinstag hole ich mir gern ein wenig Inspiration von den wunderschön dekorierten Blumenläden, die überquellen von duftenden Rosen, Anemonen in Rot, Blau und Weiß, Callas, Gerbera, Schleierkraut, aber auch mit süßen Muscari oder kleinen Schneeglöckchen. Diese herrlichen Blüten in unterschiedlichen Farben und Düften sind wie ein Rausch, dem ich selten widerstehen kann. Für mich machen Blumen eine schöne Dekoration erst komplett. Sie ergänzen durch ihre Form und Farbe wunderbar das jeweilige Porzellan, die ausgewählten Stoffe von Tischdecke und Servietten oder, wie in diesem Falle, die herzige Dekoration für den Valentinstag.

Wenn ich in einem schönen Blumenladen stehe, werden meine Sinne durch die vielen Farben, Formen, Strukturen und vor allem durch die Blumendüfte angeregt. Am liebsten möchte ich diesen Augenblick festhalten, die Augen schließen und mich ganz der Duftvielfalt hingeben.

Die Auswahl fällt mir daher nie leicht. Auch am Valentinstag nicht. Rosen stehen für Romantik und Liebe. Aber für mich müssen es nicht immer Rosen sein. Die intensive rote Farbe der Anemonen, die sich von unseren weißen Möbeln so wunderbar abhebt und sie dadurch noch intensiver wirken lässt, hat es mir diesmal angetan. Nichts soll von diesem fantastischen Rot ablenken. Sie kommen in einer weißen Vase wunderbar zur Geltung und werden zum farbigen Blickfang der Tischdekoration.

Diesen kleinen Glücksmoment möchte ich einfangen und bei meinem Fest wiedergeben.

Zeit zu zweit

Wenn im Februar die Kälte weiterhin kleine Eisflöckchen an die Fenster zaubert, der Kerzenvorrat noch immer regelmäßig nachgefüllt wird, der Ofen den ganzen Tag vor sich hin bullert, dann ist der Valentinstag – der Tag der Liebenden – nicht weit.

„Gib jedem Tag die Chance, der schönste deines Lebens zu werden." *(Mark Twain)*

Die Worte von Mark Twain gelten nicht nur für den Valentinstag, sondern sind beste Voraussetzung für ein schönes Beisammensein, um einem lieben Menschen eine Freude zu bereiten.

Für den Valentinstag möchte ich eine lockere und gemütliche Stimmung schaffen, daher habe ich keine klassische Tischdekoration arrangiert, sondern eine kuschelige Sofaecke vor dem Kaminofen eingerichtet. Dafür wurde ich zur Möbelrückerin und habe unser Sofa, das sonst mitten im Raum steht und Ess- und Sitzbereich trennt, seitlich zum Ofen geschoben. Es ist wahnsinnig angenehm, an einem kalten Wintertag die wohlige Wärme des Kamins zu genießen. Leider lassen es die Raumgegebenheiten nicht zu, das Sofa immer dort

Der mit Herzen verzierte Valentinskuchen wird durch die stilvolle Kuchenplatte ins rechte Licht gerückt.

stehen zu lassen. Aber für einen Tag ist es absolut in Ordnung, einmal über den Flur in die Küche zu gelangen, statt auf direktem Weg vom Wohnzimmer aus. Um die „zugestellte" Tür ansehnlicher zu gestalten, habe ich mir etwas einfallen lassen. Gerne setze ich Dinge für unterschiedliche Zwecke ein. Meine zusätzliche Tischplatte, die sonst zur Vergrößerung des Esstisches gebraucht wird, dient mir heute wieder einmal als Deko-Element und bietet einen schönen Rahmen – im leichten Shabby-Stil – für meine Herzdekoration. Außerdem verdeckt sie wirkungsvoll die Tür hinter dem Sofa.

Nicht nur zum Valentinstag finde ich selbst gemachte Geschenke am schönsten, auch sonst sind es gerade die kleinen Herzensdinge, die uns erfreuen. Da Liebe bekanntlich durch den Magen geht, gibt es als Überraschung kleine Geschenke aus der Küche. Dafür habe ich leckere Pralinen, die auf der Zunge zergehen, zubereitet. Kleine Leckereien, an denen man sich noch Tage später erfreuen kann und die einen an die schöne Zeit zu zweit erinnern, wenn einem der Geschmack von dunkler Schokolade die Sinne entzückt. Ich wähle drei Komponenten als Hauptzutaten, von denen ich weiß, dass mein Mann sie sehr gerne mag. Dunkle Schokolade, Nugat und Marzipan. Zu den kleinen Köstlichkeiten kommt noch eine selbst gestaltete Karte. Es müssen nicht immer große Geschenke sein, etwas Selbstgemachtes ist immer besonders und einzigartig. Die kleinen Verführungen aus der Küche liegen in hübschen Pralinenförmchen, die mit ihren Mustern – rot-weiße Karos, rote

Punkte auf weißem Grund und rote Herzen – die Farben des Festes aufgreifen. Die liebevoll ausgesuchten Details machen die Atmosphäre heimelig und zauberhaft. Das feine weiße Geschirr hat daher auch rote Herzen als Verzierung bekommen. Dazu lassen sich schnell und einfach rote Filzaufkleber nutzen, denn sie können nach Gebrauch ganz leicht wieder entfernt werden. Porzellan lässt sich auch mit Porzellanstiften verändern, dann allerdings dauerhaft. Die Aufkleber hingegen sind nur für den einmaligen Gebrauch gedacht.

Wenn ich das Ergebnis betrachte, sehe ich einen Raum ganz in Weiß mit vielen roten Akzenten, der sehr behaglich und einladend ausschaut. Das Feuer lodert im Kamin und spendet Wärme. Rechts und links neben dem Ofen stehen viele Stumpenkerzen, die den Raum in ein warmes Licht tauchen. Musik erfüllt den Raum. Das Sofa steht nah am Kaminofen und lädt mit seinen weichen Kissen, die passend zur kuscheligen Sofadecke gewählt wurden, zum Verweilen ein. Die große weiße Decke mit ihrem zauberhaft pastelligen Blumenmuster nimmt die Farben der Raumdekoration wieder auf und verfeinert sie durch ihr pittoreskes Muster. Die zarten rosaroten Rosen mit ihren hellgrünen Blättern heben sich wunderbar vom weißen Untergrund ab. Das kleine runde Karo-Kissen reflektiert das Muster der Servietten und greift gleichzeitig die Farben des Blumenmusters auf. So entsteht eine Verbindung zwischen dem kleinen weißen Holztisch und dem behaglichen Sofa. Um die Tischdekoration nicht zu süßlich werden zu lassen, wähle ich rot-weiß karierte Stoffservietten. Ein zusätzliches Muster kommt von der mit Masking Tape verschönerten Geschenkschachtel, die neben dem Anemonenstrauß liegt. Allesamt charmante

Dekore, die das Auge nicht von der „herzigen" Deko ablenken. Gekürzte und auf den Tellern drapierte Rosen machen die Tischdekoration komplett.

Hinter dem Sofa lehnt die selbst gebaute Tischplatte. Heute hängen daran viele kleine Herzgirlanden. Das Herzthema zeigt die ganze Romantik des Valentinstages. Das kleine Regal über dem Sofa, das mit einem zart gemusterten Porzellan bestückt ist, erhält ebenfalls eine Herzgirlande. Die vielen Herzen umranden das Sofa wie ein Bilderrahmen.

Vom Sofa aus fällt der Blick zunächst auf die stimmige Tischdekoration und gleitet weiter zu den mit vielen roten Rosen und Anemonen gefüllten kleinen Vasen und alten Flaschen, die auf dem weißen Sideboard stehen. Durch seine Länge bietet das selbst gebaute Stück nicht nur genügend Platz für den Fernseher, der hier hinter dem Holzparavent versteckt steht, sondern auch ausreichend Raum für schöne Dekorationen. Die großen Kerzen, die rechts vom Paravent stehen, verzaubern durch ihr warmes Licht und verleihen dem Blumenstillleben eine romantische Note. Die zahlreichen Rosenblätter runden das Bild ab. Die kleine Tischlampe auf der linken Seite nimmt das Blumenmuster vom Quilt wieder auf.

VALENTINSKARTE

Für den Valentinstag möchte ich eine zur Raumdekoration passende Karte basteln. Daher wähle ich auch hier die Farben Rot und Weiß. Der flauschige Pfeifenreiniger gibt der Karte eine besondere Oberfläche.

Das brauchen Sie

- 1 Doppelkarte aus feinem Papier (Büttenpapier)
- 1 roter Pfeifenreiniger
- rotes Tonpapier in DIN A4
- weißes Tonpapier in DIN A4
- Klebstoff
- Herzstanzer

Aus dem roten und weißen Tonpapier möglichst viele Herzen ausstanzen. Die Doppelkarte außen in den Ecken mit vier roten Herzen bekleben. Den Pfeifenreiniger zu dem Wort „LOVE" biegen und vorsichtig auf die Karte kleben. Innen schön beschriften und mit den ausgestanzten Herzen füllen. Die Karte zusätzlich mit einem schönen Schleifenband schließen.

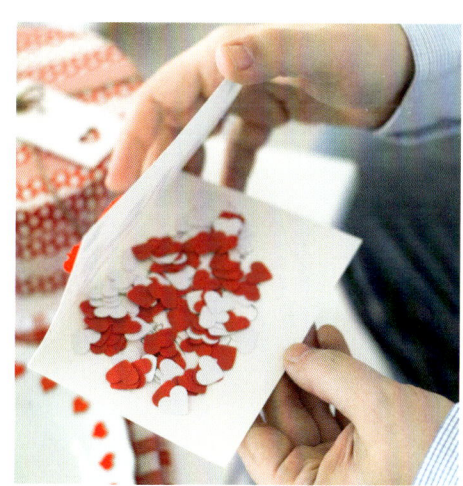

Auf den Inhalt kommt es an: Viele ausgestanzte Miniherzen füllen die Karte und verstreuen sich beim Öffnen wie Konfetti.

PRALINENSCHACHTEL

In einer liebevollen und individuell gestalteten Verpackung kommen die leckeren Pralinen noch besser zur Geltung und bleiben zudem länger frisch.

Das brauchen Sie

- 1 runde weiße Pappschachtel mit Deckel
- 3 verschiedene Masking Tapes
  (hier rotes Tape mit weißen Herzen, weißes Tape mit roten Punkten und rot-weiß gestreiftes Tape)
- 1 weißes Etikett / Geschenkanhänger
- 1 Herzstanzer
- 1 Kordelband

Zuerst den unteren Teil der Schachtel mit Masking Tape bekleben. Dafür ein Tape anlegen und einmal um die komplette Schachtel kleben. Das nächste Tape auswählen und direkt an die Kante des ersten Tapes kleben. Bis zur oberen Kante in gleicher Weise fortfahren. Bei der letzten Runde das Tape oben leicht überstehen lassen und nach innen kleben. So kann es später nicht reißen, wenn der Deckel aufgesetzt wird.

Den Deckel schräg bekleben; dafür in der Mitte anfangen und zu beiden Seiten gleichmäßig die Tapes Kante auf Kante kleben. Die Enden ein wenig überstehen lassen und nach innen in die Schachtel kleben. Für einen schönen Abschluss ein Tape um den Schachtelrand legen.

Zum Verschnüren der Schachtel habe ich als Kontrast ein rustikales Juteband verwendet und als Anhänger ein schlichtes weißes Etikett gewählt. Unten am Rand habe ich ein Herz ausgestanzt und das Etikett zum Schluss mit dem Juteband verschnürt.

Das weiße Geschirr hat durch kleine Herzaufkleber Farbe bekommen.

schmack, sondern die ausgefallene Dekoration. Dafür habe ich weiße Papierstrohhalme mit rosa Herzen ausgewählt. Diese werden auf verschiedene Längen gekürzt und mit roten Pappherzen beklebt. Die Herzen habe ich von beiden Seiten an den Strohhalm geklebt. So ist die Kuchendekoration von allen Seiten hübsch anzusehen.

Mit kleinen Geschenken aus der Küche, einer liebevollen Dekoration und einem stimmungsvollen Ambiente bleibt der Valentinstag noch lange in Erinnerung.

Mein Krönchen

Nicht nur die liebevolle Zubereitung macht die hausgemachten Pralinen so besonders. Zur Krönung erhalten sie als Topping noch goldene Zuckerstreusel.

In kleinen, nostalgischen Pralinenförmchen mit Herz-, Karo- und Punktemustern in Rot-Weiß sehen die himmlischen Köstlichkeiten gleich noch appetitlicher aus.

An dem kleinen Paravent hängt eine Girlande aus großen Herzen. Diese vielen „herzigen" Farbtupfer sind im ganzen Raum verteilt. Aber Blickpunkt ist und bleibt der kleine weiße Holztisch mit einem liebevoll dekorierten Kuchen. Auf der schlanken hohen Kuchenplatte scheint er über der Tischdekoration aus Rosenblättern und Papierherzen zu schweben. Kleine Gläser sind mit weißen und roten Rosen geschmückt. Daneben prunkt der große Strauß roter Anemonen.

Das exquisite weiße Geschirr hat ein süßes Muster aus roten Herzen bekommen. Die hohen Bechertassen warten auf den leckeren Milchkaffee. Ein hübscher roter Papier-Pompon nimmt die Form der Pompons am Regal über dem Sofa und an der dahinterliegenden Tür auf. Solche kleinen Wiederholungen lassen die Raumdekoration zu einer Einheit verschmelzen. Ich finde es immer schön, wenn ein Raum stimmig dekoriert ist und sich einzelne Deko-Elemente an verschiedenen Stellen wiederfinden.

Der köstliche Kuchen, von außen weiß mit roten Zuckerherzen verziert, offenbart sein magentafarbenes Inneres erst beim Anschneiden. Wegen des cremigen Toppings und der Füllung stelle ich den Kuchen erst kurz vorher auf den Tisch. Das Besondere ist nicht nur der farbliche Kontrast im Kucheninneren und der feine Vanille-Ge-

mit Zuckerherzen

Das brauchen Sie
für 4 Personen

BISKUITBODEN
- 5 Eier
- 120 g Zucker
- 1 EL Vanillezucker
- 125 g Mehl
- 1 Vanilleschote
- abgeriebene Schale von 1 Bio-Zitrone
- magentarote Lebensmittelfarbe

CREMEFÜLLUNG UND TOPPING
- 300 ml Sahne
- 200 g Frischkäse
- 50 g weiße Kuvertüre
- 2 TL Vanillepaste
- 30 g Vanillezucker
- 50 g rote Zuckerherzen

Beim Anschneiden offenbart die Torte ihr herrliches Farbspiel.

Für die Garprobe ein Holzstäbchen in den Kuchen stechen. Wenn beim Herausziehen nichts kleben bleibt, ist der Kuchen fertig. Den Kuchen nach dem Abkühlen zweimal waagerecht durchschneiden, sodass hinterher drei gleich dicke Böden vorhanden sind.

Für die Cremefüllung die weiße Kuvertüre über dem Wasserbad schmelzen, mit dem Frischkäse vermengen und 2 TL Vanillepaste unterrühren. Sahne leicht schlagen, Vanillezucker zufügen, anschließend steif schlagen. Eine halbe Stunde kalt stellen.

Die Hälfte der Schoko-Frischkäse-Masse auf dem ersten Boden verteilen und glatt verstreichen, den zweiten Boden aufsetzen, den Rest der Creme verstreichen und zum Schluss den dritten Boden auflegen.

Tipp: Für eine gerade Tortenkante die Seite vom Kuchenboden, die in der Backform unten lag, als letzten Boden mit der glatten Seite nach oben auflegen.

Den Kuchen mit der ersten Schicht Sahne bestreichen. Glatt streichen und kühl stellen. Nach ca. 30 Minuten die zweite Schicht auftragen und verteilen. Dabei seitlich beginnen und oben abschließen. Am besten lässt sich die Sahne mit einer Palette glätten. Es geht aber auch mit einem großen Küchenmesser. Dafür die stumpfe Seite nutzen und die Sahne ganz vorsichtig glatt streichen.

Nochmals kühl stellen. Zum Schluss den Kuchen mit den roten Zuckerherzen verzieren. Als Deko eignen sich hübsche Papierstrohhalme. Diese unterschiedlich kürzen. Zwei Pappherzen auf jeweils einen Strohhalm kleben und an den Seiten mit ein wenig Klebstoff zusammendrücken.

Den Backofen auf 180 °C (Ober- und Unterhitze) vorheizen. Die Eier trennen. Die Eigelbe mit 80 g Zucker schaumig rühren. Die Vanillestange aufschlitzen, das Mark herauskratzen und mit der abgeriebenen Zitronenschale unter die Zucker-Eigelb-Masse mischen. Die Eiweiße mit dem restlichen Zucker steif schlagen. Den Eischnee unter die Schaummasse heben, das Mehl hineinsieben und mit einem Spatel locker unterheben. Noch 2–3 Tropfen Lebensmittelfarbe einrühren.

Eine extrahohe Springform von 20 cm Ø einfetten und mit Mehl bestäuben. Den Teig in die Form füllen, glatt verstreichen und im vorgeheizten Backofen etwa 40–45 Minuten backen.

NUGAT-SCHOKO-PRALINEN

Das brauchen Sie
für ca. 15 Stück

- 250 g dunkle Schokolade
- 125 g Nugat
- goldene Zuckerstreusel
- hübsche Pralinenförmchen

Die Hälfte der dunklen Schokolade über dem Wasserbad schmelzen und die Pralinenform zu einem Drittel damit füllen. Die Schokolade abkühlen lassen. Um eine Praline in verschiedenen Schichten herzustellen, muss jede Schicht zunächst fest werden.

Den Nugat über dem Wasserbad schmelzen und auf der fest gewordenen Schokolade verteilen. Jedes Förmchen sollte nun zu zwei Drittel gefüllt sein. Wiederum gut abkühlen und fest werden lassen.

Die restliche Schokolade über dem Wasserbad schmelzen und als obere Schicht auf die Pralinen geben. Ebenfalls gut abkühlen und fest werden lassen.

Zum Schluss mit goldenen Zuckerstreuseln verzieren. Die Pralinen in den Förmchen in die Schachtel legen.

Fertig sind leckere Pralinen mit zauberhaftem Goldstaub.

MARZIPAN-PRALINEN

mit Pistazien

Das brauchen Sie

für ca. 12 Stück

- 100 g dunkle Schokolade
- 250 g Marzipan
- 125 g Nugat
- 30 g gehackte Pistazien
- hübsche Pralinenförmchen

Das Marzipan und den Nugat jeweils in 12 gleich große Stücke teilen.

Die Marzipanstücke zu Kugeln rollen und flach drücken. Den Nugat darauflegen und mit Marzipan umschließen. Mit den Händen wieder zur Kugel rollen. Mit den restlichen Marzipan- und Nugatstücken ebenso verfahren.

Die dunkle Schokolade über dem Wasserbad schmelzen. Die Marzipan-Nugat-Kugeln darin wenden, bis alle Seiten gleichmäßig mit Schokolade überzogen sind. Auf einem Kuchen- oder Pralinengitter trocknen lassen. Wenn die Schokolade ein wenig fest geworden ist, einige Pistazienstreusel auf jede Kugel geben. Zum Schluss die fest gewordenen Pralinen in hübsche Pralinenförmchen setzen.

Geburtstags- fest

Ein romantisches Ambiente, kleine Köstlichkeiten und die Gemütlichkeit einer englischen Teestunde machen aus dem Geburtstag einen unvergesslichen Tag.

Entspannt zum Fest

Nachdem ich meine erste Auswahl getroffen habe, kann ich mit meinen eigentlichen Vorbereitungen für ein schönes Geburtstagsfest starten. Gerne verschenke ich etwas Selbstgemachtes. Da ich für dieses Fest noch einiges nähen möchte, werde ich nichts Zusätzliches basteln, sondern die Krönchen, sozusagen mein „königliches" Element für mein romantisches Geburtstagsfest, zu Miniblumengestecken umfunktionieren. Sie sind einfach gebastelt und süß anzuschauen. Ich möchte zwar nicht zum klassisch englischen Afternoon Tea laden, doch zum Kuchen gehören für mich unbedingt noch einige kleine Köstlichkeiten.

Oft lässt sich aus Kleinigkeiten viel machen.

Meine Farben für dieses Fest

Meine Themenfarbe für dieses Geburtstagsfest ist Rosa – ergänzt durch Weiß und einige hellgrüne Akzente in Form von Blumen. Die schönen Stoffe sollen dabei im Vordergrund stehen, wie etwa die Tischdecke mit ihrem wunderschönen Blumenmuster. Beim Anblick des Musters geht mir mein Herz auf: Winzige Blumenbouquets mit rosa Rosen werden ergänzt durch zarte hellgelbe und türkisblaue Blüten auf weißem Grund. Die Blumen sehen aus wie gemalt und lassen mich vom Frühling und von bunten Blumenwiesen träumen. Dazu passt der rosa-weiß karierte Stoff, der in mir Erinnerungen an früher weckt und mich an meine Oma denken lässt.

Romantisch soll es werden

Für dieses Geburtstagsfest schwebt mir eine romantische Dekoration vor. Blumig, aber nicht unruhig; opulent dekoriert, aber nicht überladen – so soll es werden. Die frischen Blumen vom Markt, herrlich duftende Rosenblüten, zaubern mir ein Bild von englischen Rosengärten in den Kopf. Sie erinnern mich an die ländlichen, romantischen englischen Teestuben, in denen ich frische Scones auf süßen Blümchentellern probierte. Dazu wurde mir aromatischer Tee aus großen Porzellankannen eingeschenkt. Diese Gemütlichkeit, diese geruhsame Zeit für eine ausgiebige Teestunde kommt mir wieder in den Sinn. So ein einladendes Ambiente möchte ich für mein Fest schaffen. Ich überlege: Was, außer Romantik, assoziiere ich mit englischen Tearooms? Welche Begriffe passen hier? Ich denke dabei an Wörter wie warm, gemütlich, blumig, duftend, frisch gebackener Kuchen, Kissen, Kerzenlicht, Pastelltöne, königlich, edel, nostalgisch, Cottages, Landhaus, Silber und feines Porzellan.

Dabei sehe ich einen Raum mit einem Tisch vor mir, der alle meine Sinne anspricht. Mein Blick fällt direkt auf das schöne Blumenmuster der Tischdecke. Hier vereint sich der Duft der Rosen mit köstlichem Kuchenaroma. Ich möchte nähertreten und mich in die hübschen Kissen kuscheln. Es ist ein Ort, der mir das Gefühl gibt, schon beim Eintreten verwöhnt zu werden. Ein Ort, an dem die Zeit einfach stehen geblieben ist und an dem ich genießen kann. Die Farbauswahl fällt mir nicht schwer: Rosa muss einfach die Hauptfarbe des Festes werden.

Die Idee für dieses Fest ist geboren, aber wie setze ich sie um?

Ein Ehrentag

Feiern Sie Geburtstag? Für viele Menschen ist es ein Tag wie jeder andere, für andere ein besonderer Tag. Für uns sind Geburtstage immer Ehrentage, die wir gerne zelebrieren. Es soll immer ein besonderes Ereignis sein, an das sich jeder gern erinnert. Ein Fest, das dem Gefeierten zeigt: „Das ist dein Tag!".

Alles ist hergerichtet, die Kerzen brennen, der Tee dampft warm in der Kanne, die Gäste können kommen.

Denn nicht nur Kinder lassen sich gern überraschen, auch später ist es herrlich, in einen festlich geschmückten Raum geführt zu werden. Sogar im Erwachsenenalter kann das Geburtstagsfest zu einem unvergesslichen Tag werden, wenn wir uns für den Ehrengast etwas Besonderes einfallen lassen. Etwas, das zu ihm passt: für den Liebsten vielleicht eine Grillparty, für die beste Freundin ein Fest in ihrer Lieblingsfarbe oder für die liebe Schwägerin eine romantische Feier mit ihren Lieblingsblumen. Egal, wen wir feiern, ein Geburtstagsfest wird durch die liebevoll ausgesuchte Dekoration, die winzigen schönen Details und die Mühe, die wir in die Vorbereitung stecken, immer zu einem besonderen Fest. Was genau ich mir darunter vorstelle, zeige ich Ihnen gern. Ein Blick auf den reich gedeckten Tisch gibt

mir das Gefühl, bei einer schönen Tasse Tee in einem kuscheligen englischen Cottage zu sitzen. Die vielen Kissen in herrlichen Blumenmustern laden zum Verweilen ein. Die Farben der Blumenmuster wiederholen sich in der Tischdecke. So entsteht eine Verbindung zwischen Tisch und Bank. Auf eine Bank habe ich als Sitzpolster zusätzlich einen zusammengefalteten Quilt im hübschen rosa-weißen Karo gelegt. Das weiße Porzellan bringt Ruhe in die Dekoration – und hebt sich wunderbar gegen das pastellige Blumenmuster ab. Die beiden unterschiedlichen Kannen, gefüllt mit rosafarbenen und weißen

um ein bequemes Sitzen und Genießen der Leckereien zu ermöglichen. Zwischen den Tellern sollten immer etwa drei Handbreit frei bleiben, sodass die Gäste nicht zu eng beieinandersitzen.

Für mein romantisches Geburtstagsfest wollte ich keinen klassischen Geburtstagskuchen backen, sondern es sollte der Lieblingskuchen des Ehrengastes sein. Um das Gebackene, auch ohne Geburtstagskerzen, herausragend zu präsentieren, steht der Kuchen nun auf einer schönen hohen Kuchenplatte und bekommt als Highlight eine kleine Girlande mit weißen Krönchen. Auf die Teller habe ich eine Minidekoration in Form eines kleinen Blumen-Krönchens und eines Petit Four gestellt. So bekommt die Kaffeetafel eine sehr persönliche Note. Die kleinen Blumengestecke sind mein Geschenk an die Gäste. Ich finde es immer schön, eine kleine Erinnerung an ein Fest zu überreichen.

Rosen, bringen ein wenig Spannung in die Dekoration. Durch die verschiedenen Höhen ergeben sich immer neue Blickpunkte. Der Blick gleitet vom süßen Blumengesteck, das auf den Tellern steht, zum dampfenden Tee und zu anderen Köstlichkeiten und wandert weiter zu den duftenden Rosen. Um jedem Gast genügend Platz zu geben, habe ich meine zusätzliche Tischplatte aufgelegt. Diese nutze ich abwechselnd als Raumelement oder als Tischvergrößerung, wie es eben gerade passt. Heute fungiert sie als Tischvergrößerung, sodass trotz des üppigen Blumenschmucks genügend „freier Raum" bleibt,

KLEINE KRÖNCHEN

Meinen Festen gebe ich durch etwas Selbstgemachtes gern eine persönliche Note. Für dieses Fest bastelte ich kleine weiße Krönchen.

Das brauchen Sie

- 3–4 Papprollen (z.B. leere Küchenpapierrollen)
- Schere
- weiße Acrylfarbe und Pinsel
- evtl. Bleistift
- Locher
- dekoratives Band

Von den Papprollen jeweils nach etwa 6–7 cm ein Stück abschneiden. Dabei die Rollen nicht zu sehr zusammendrücken. An einer Seite im Kreis rundherum kleine Zacken ausschneiden und weiß anmalen. Fertig sind die Minikronen. Nun 3–4 kleine Kronen an beiden Seiten lochen und ein dekoratives Band durchziehen. So entsteht eine süße Minigirlande für den Kuchen. Die restlichen Kronen können Sie als kleine Vasen nutzen.

In den Miniblumengestecken stehen die gleichen rosafarbenen Rosen wie in der weißen Kanne auf dem Tisch. Und diese Rosen sind auch an der Hakenleiste hinter dem Tisch in kleinen Hängevasen zu sehen. Das weiße Schleierkraut lässt das Gesteck schön buschig aussehen und macht es nicht zu schwer für die kleinen Pappkronen. Dazu habe ich kleine Knöpfchenblumen kombiniert, die das cremige Weiß der Rosen in der alten Emaillekanne wieder aufnehmen.

Gleich neben der eingedeckten Tafel steht ein kleines Schränkchen, in dem ich meine Servietten aufbewahre. Ich entdeckte es bei einer Haushaltsauflösung und habe es mit viel Liebe bearbeitet, sodass es nun in neuem Glanz erstrahlt. Das Schränkchen passt durch seine zierliche Form genau zwischen den weißen Esstisch und den großen Porzellanschrank und ist eine schöne Ablage für stimmungsvolle Dekorationen. Hier habe ich es mit zwei weißen Kugeldisteln und Teelichtgläsern dekoriert. Die Kugeldisteln sind eigentlich für den Garten gedacht, aber ich habe sie kurzerhand zweckentfremdet, da sie meine Tischdekoration so wunderbar ergänzen. Sie können nach ein paar Tagen in den Garten gepflanzt werden. Darunter steht auf einem alten Höckerchen eine kleine Gießkanne. So ergibt sich für mich ein feines frühlingshaftes Stillleben. Der rosa-weiß gestreifte, längliche Teppich nimmt die Farben des Festes perfekt auf und gibt dem Raum eine einheitliche Note. Normalerweise liegt der Teppich in meinem Kreativzimmer, aber ich tausche die Dinge gerne aus. Die Bilder über dem kleinen Seitenschrank sind ebenfalls in Pastelltönen gehalten und fügen sich wunderbar in die Raumdekoration ein. Mein schöner alter Kronleuchter – mein absolutes Lieblingsstück und ein Geburtstagsgeschenk meines Mannes – rundet den romantischen Stil ab. An der Hakenleiste über der Sitzbank hängen zwei Hängevasen mit rosafarbenen Rosen und zwei kleine weiße Laternen

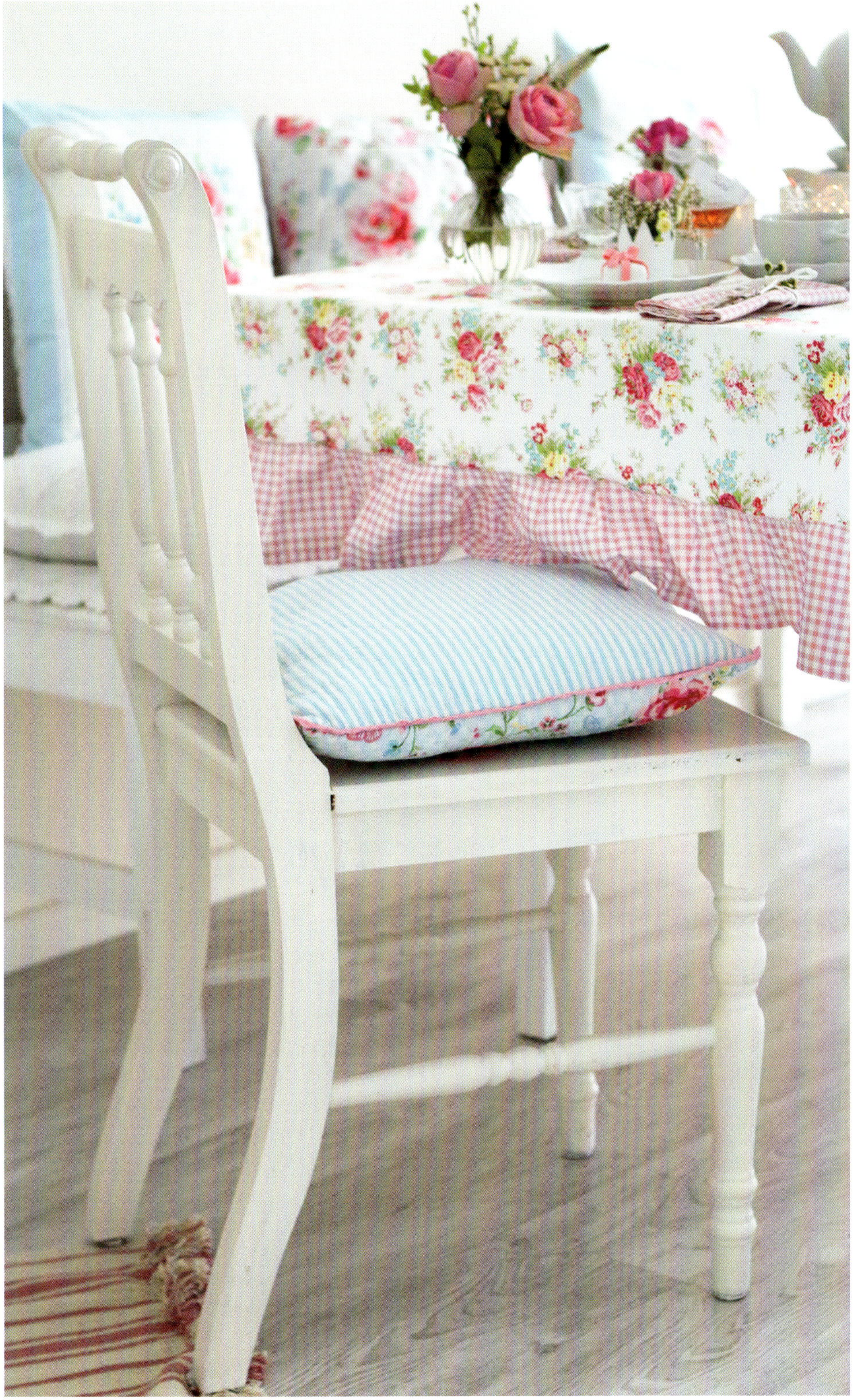

Die schönen Rosen nehmen die Farbe des Festes wunderbar auf.

Ein reich gedeckter Tisch wartet auf die Gäste. Die kuscheligen Kissen laden zum Verweilen ein.

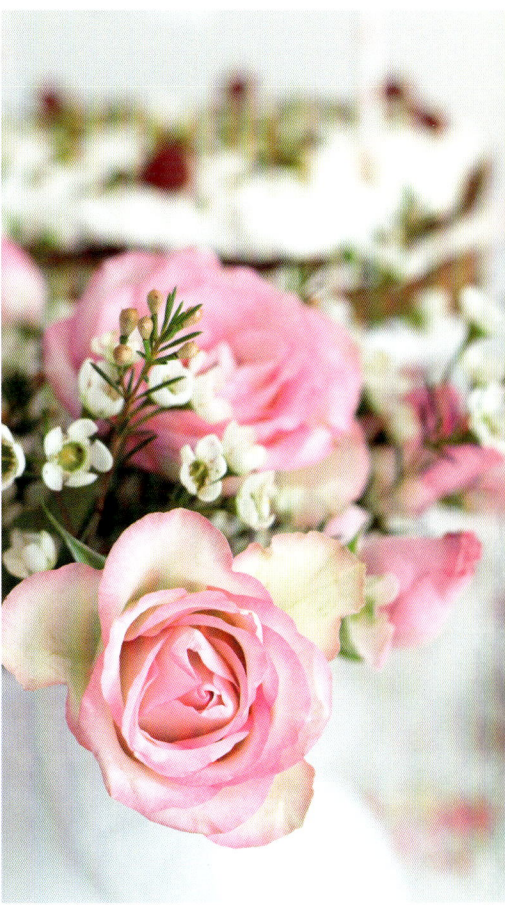

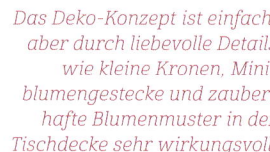

Das Deko-Konzept ist einfach, aber durch liebevolle Details wie kleine Kronen, Miniblumengestecke und zauberhafte Blumenmuster in der Tischdecke sehr wirkungsvoll.

Auf dem kleinen Schränkchen verbreiten kleine Kerzen ihr wunderbares Licht.

als Dekoration. Es ist meistens viel schöner, Dinge paarweise zu arrangieren, das verstärkt den Gesamteindruck und sorgt für ein ruhiges Bild, statt etwa drei oder vier unterschiedliche Objekte an die Hakenleiste zu hängen. Auf der anderen Seite der Sitzbank steht ein alter hoher Blumenhocker, auf dem ich eine Tischlampe dekoriert habe. Der Lampenschirm hat ein kleines Streublümchenmuster und fügt sich somit ideal in meinen geliebten Cottage-Stil ein. Wenn man über die festlich geschmückte Tafel schaut, fällt der Blick in den Garten dahinter, in dem sich bereits die ersten Frühlingsblüher hervorwagen. So ergibt sich das abgerundete Bild einer romantischen Tafel mit kleinen frühlingshaften Blumen drinnen wie draußen. Gleitet mein Blick wieder zurück,

*Noch schnell die letzten Hand-
griffe und ein allerletzter Blick
auf die Dekoration.*

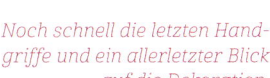

EINFACHE STOFFSERVIETTEN

Schöne Servietten runden eine Tischdekoration ab.
Im Alltag nutze ich häufig schöne Papierservietten,
aber bei Festen sollten es schon Servietten aus Stoff
sein. Sie sind im Handumdrehen selbst genäht.

Das brauchen Sie

• Stoff in gewünschter Größe (hier Stoff Petal, Check Pink)
• Nähmaschine, Nähgarn, Schere, Stecknadeln
• Bügeleisen

Den Stoff in der gewünschten Serviettengröße zuschneiden (ich habe die Quadratgröße 44 × 44 cm gewählt). Die Kanten ca. 1 cm nach innen bügeln (nach
links bügeln), dann nochmals 1 cm von der Kante
nach innen bügeln und feststecken. Alle Seitenkanten
absteppen. Die Stoffservietten sehen auch mit Brief-
kanten toll aus. Eine Ziernaht ist ebenfalls perfekt.

fällt er auf den Kuchen, der seinen köstlichen Duft verströmt. Hübsch einpackte Geschenke stehen am Tisch-
ende. Die zauberhaften Blumen ergänzen die extra für
diesen Tag genähte romantische Blümchentischdecke.
Die kleinen Teelichter in den schönen Gläsern zaubern
ein weiches Licht, das sich in dem alten Silberbesteck
spiegelt. Die süßen Servietten haben als Verzierung noch
eine winzige Schleife und eine Blume bekommen. Ein
feiner Rhabarberlikör, der in geerbten Likörgläsern serviert wird, schmeckt nicht nur fabelhaft, er hat zudem
einen warmen Rosaton, der wunderbar mit den rosafarbenen Akzenten der restlichen Dekoration harmoniert.
Die zarte Gravur der Gläser, ihr grazieler Stiel und ihre
flache, edle Form werten die Tischdekoration auf.

TISCHDECKE MIT RÜSCHENKANTE

Für mein romantisches Fest nutze ich einen meiner Lieblingsstoffe, um daraus eine Tischdecke zu nähen. Sie wird garantiert zu einem Lieblingsstück.

Das brauchen Sie

- Stoff in gewünschter Größe plus 2 cm Nahtzugabe an allen Seiten (hier Rosey Little Bouquet in Rosa)
- Stoff für das Rüschenband; dazu die vier Seitenlängen mal 1,5 oder 2 rechnen, je nach gewünschter Rüschenstärke (hier Petal Check Pink)
- Nähmaschine, Nähgarn, Stoffschere, Stecknadeln
- Bügeleisen

Den Stoff in der gewünschten Größe zuzüglich 2 cm Nahtzugabe an allen Seiten zuschneiden. Auf der linken Stoffseite einmal 1 cm abmessen und nach innen bügeln. An allen Kanten noch einmal 1 cm abmessen, nach innen bügeln, feststecken und absteppen.

Für die Rüsche 18 cm breite Stoffstreifen zuschneiden. Die Rüsche ist ungefähr doppelt so lang wie die vier Seiten der Tischdecke. Mit etwas mehr oder weniger Stoff lässt sich die Rüsche entsprechend stärker oder weniger stark kräuseln. Die kurzen Seiten auf rechts zu einem Band nähen.

Eine linke Stoffseite längs ca. 1 cm nach innen bügeln, dann noch einmal 1 cm nach innen bügeln und festnähen. Die andere linke Stoffseite längs etwa 1 cm nach innen bügeln und mit großer Stichlänge (ca. 6 mm) die Kante umnähen. Dabei den Faden nicht vernähen! Nun vorsichtig am Unterfaden ziehen, sodass sich der Streifen kräuselt. Das Band auf die gewünschte Länge zusammenziehen. Bei sehr großen Stoffbändern ist es sinnvoller, in Abschnitten zu arbeiten, damit der Faden nicht reißt. Beim Rüschenband und der Tischdecke erst die Hälfte und dann ein Viertel mit der Nadel markieren. Das Rüschenband nun passend auf die Tischdecke legen, dabei die linke Seite des Rüschenbandes auf die rechte Seite der Tischdecke legen und feststecken. Mit einem feinen Stich annähen.

Mein Krönchen

Ganz besondere Tischschilder sind diese kleinen Kronen-Blumengestecke. Die kleinen selbst gebastelten Kronen sind mit Frischhaltefolie und Steckmoos aufgefüllt.

Das Steckmoos anfeuchten (durch die Frischhaltefolie bleiben die Kronen trocken) und mit einer rosafarbenen Rose, Schleierkraut und Knöpfchenblumen füllen. Dazu ein kleines Namensfähnchen aus Papier und Zahnstocher basteln. Daneben liegt ein Petit Four, wie ein Geschenkpäckchen verziert, als besonderer Blickfang.

Auf der schönen hohen Tortenplatte werden die süßen Petit Fours ins rechte Licht gerückt.

Der schmackhafte Tee bleibt schön warm in der großen Porzellankanne, die auf einem passenden Stövchen steht. Durch die unterschiedlichen Höhen von Teekanne, Vasen und Kuchenplatten wirkt die Tafel sehr harmonisch und üppig dekoriert, aber nicht überladen. Die vielen Kissen im Blumenmuster rahmen die stimmungsvolle Tafel ein. So entsteht ein romantisches Raumbild, warm und einladend wie in einem englischen Cottage.

PETIT FOUR

Das brauchen Sie

für ca. 12 Stück

- 5 Eier (Größe M)
- 100 g Zucker
- 2 EL Puderzucker
- 1 Vanilleschote
- 125 g Mehl
- 1 Msp. Backpulver
- 1 Prise Salz
- 150 g Himbeer- oder Erdbeerkonfitüre
- 150 g Marzipanrohmasse
- 250 g weißer Fondant
- 250 g rosafarbener Fondant

Süß und köstlich, mit feiner rosa Schleife.

Den Backofen auf 200 °C (Ober- und Unterhitze) vorheizen. Ein tiefes Backblech mit Backpapier auslegen. Die Eier trennen. Eiweiße sehr steif schlagen, dabei die Hälfte des Zuckers langsam einrieseln lassen. Vanilleschote aufschlitzen und das Mark herauskratzen. Die Eigelbe mit dem restlichen Zucker und dem Vanillemark cremig schlagen. Mehl, Salz und Backpulver mischen und unter die Eigelbmasse rühren. Geschlagenes Eiweiß unterheben. Den Teig auf dem Backblech verstreichen und ca. 12 Minuten backen. Herausnehmen und abkühlen lassen.

In drei gleich große Stücke schneiden. Zwei Stücke mit Konfitüre bestreichen und übereinandersetzen. Die Marzipanrohmasse ausrollen. Am besten gelingt das mit einem Ausrollstab für Fondant. (Ansonsten eine Teigrolle mit wenig Puderzucker bestäuben oder die Marzipanmasse mit Frischhaltefolie abdecken und auf die Größe der Biskuitstücke zuschneiden.) Das Marzipan auf das zweite Biskuitstück legen und das dritte Biskuitstück als Deckel oben auflegen. Nochmals mit Himbeerkonfitüre bestreichen.

Nun den Biskuitblock in ca. 3 × 3 cm große Stücke schneiden. Den Fondant dünn ausrollen und die Biskuitstücke damit überziehen (in Weiß oder in Rosa). Aus dem restlichen Fondant schmale Streifen zuschneiden.

Den Puderzucker mit wenig Wasser zur Glasur verrühren. Die Fondantstreifen damit bestreichen und diese wie ein Schleifenband auf die Petit Fours legen. Einen Fondantstreifen zur Schleife legen und oben aufsetzen.

Fertig sind die süßen kleinen Geschenk-Petit-Fours.

PISTAZIENKUCHEN

mit Cremefüllung

Ein Krönchen für den Ehrengast. Es müssen nicht immer Geburtstagskerzen auf dem Kuchen sein. Eine Krönchengirlande adelt den Kuchen und sieht hübsch aus.

Das brauchen Sie
für 6–8 Personen

BODEN:
- 150 g ungesalzene Pistazien
- 150 g Butter
- 180 g Mehl
- 1 TL Backpulver
- 180 g Zucker
- 3 Eier
- 125 g Naturjoghurt
- abgeriebene Schale von 1 Bio-Zitrone

CREMEFÜLLUNG:
- 100 g Magerquark
- 100 g Mascarpone
- 200 g Sahne
- 1 TL Vanillezucker
- 1 EL Puderzucker

BELAG & VERZIERUNG:
- 300 g Himbeeren
- 30 g gehackte Pistazien

Den Backofen auf 180 °C (Ober- und Unterhitze) vorheizen. Pistazien in der Küchenmaschine sehr fein hacken. Mehl, Zucker und Backpulver mischen. Die Pistazien dazugeben. Butter unterkneten. Eier und Naturjoghurt mischen und unter den Teig geben. Die abgeriebene Zitronenschale untermischen. Zwei Kuchenformen von 30 cm Ø einfetten. Den Teig in die Form(en) füllen und ca. 40–50 Minuten backen. Garprobe machen. Abkühlen lassen. Wenn nur eine Form vorhanden ist, den Kuchen gut abkühlen lassen und dann in der Mitte waagerecht durchschneiden.

Für die Cremefüllung die Sahne sehr steif schlagen. Magerquark mit Mascarpone, Vanillezucker und Puderzucker mischen. Sahne unterheben. Für eine leichte Variante etwas mehr Quark und weniger Mascarpone verwenden. Einen Kuchenboden mit der Creme bestreichen. Mit Himbeeren belegen und den zweiten Boden aufsetzen. Erneut mit einer Schicht Creme bestreichen und mit Pistazien bestreuen. Den Tortenrand mit Himbeeren verzieren.

Ein echter Augenschmaus.

Petit Paris

Ein Frühstück in Paris
genießen. Das ist nicht
immer möglich. Aber ein
kleines Stück Paris lässt sich
rasch nach Hause zaubern.
Mit einem Frühstück à la
française beginnt der Tag
sehr vielversprechend.

Erinnerung
ist oft die schönste Inspiration

Die Idee zu diesem wunderbaren „Petit Paris"-Frühstück kam mir beim Durchschauen von alten Fotos.

Ich weiß noch, es war ein verregneter Sonntagnachmittag. Draußen war alles in ein leichtes Grau gehüllt, die Regentropfen prasselten an mein Fenster. Vor mir stand eine große Tasse duftender warmer Kakao, daneben ein kleines Stück Gebäck – nun gut, es waren wohl eher zwei oder drei Gebäckstücke – und, nicht zu übersehen, direkt neben mir, eine Kiste voller Fotos.

Ich hatte es mir auf dem Sofa gemütlich gemacht und schwelgte in Erinnerungen. Plötzlich hielt ich die Bilder von Paris in der Hand, wo ich mit zwei lieben Freundinnen gewesen war. Und musste lachen: Wie wir unbedingt mit dem Auto um den *arc de triomphe* fahren wollten. Uns dann aber doch nicht in den Kreisverkehr getraut hatten, aus Angst, nie wieder herauszufinden. Wie wir im Laternenlicht am Ufer der Seine gesessen und den Abend verplaudert hatten. Wie wir, natürlich ohne uns vorher zu erkundigen, zum Schloss Versailles gefahren waren, leider am Ruhetag! Oder wie wir durch die kleinen Gassen gelaufen und auf ein winziges Restaurant gestoßen waren, das gerade einmal vier Tische hatte. Diese waren eingedeckt gewesen mit rotweiß karierten Tischdecken und weißem Porzellan sowie schlichten Wassergläsern für den Wein. Wie wir versucht hatten, die handgeschriebene Speisekarte, natürlich auf Französisch, zu entziffern und dann auf gut Glück unser Menü bestellt hatten. Es war ein unvergesslicher Abend!

Ich weiß nicht, wie es Ihnen in solchen Momenten geht. Aber bei den Erinnerungen wollte ich mir gleich mein „Petit Paris" nach Hause holen. Und dachte, ich überrasche damit eine liebe Freundin und plaudere mit ihr über unsere Paris-Tour.

Meine Farben für dieses Fest

Die Farben, die ich für dieses Fest nutzen möchte, waren mir sofort klar. Ich würde die Farben der Trikolore wählen: Blau, Weiß und Rot. Wobei Weiß und Rot überwiegen sollten.

Die Idee war geboren, die Farben gewählt, aber wie weiter? Immer wieder kam mir das winzige Restaurant mit seinen schön gedeckten Tischen in den Sinn. Und natürlich die bezaubernden Straßencafés, in denen wir einige Stunden gesessen haben. Aber wie sollte ich das alles umsetzen? Für mich ist die Küche das Herzstück eines Heims. Wo findet das alltägliche Leben statt? Wo enden die meisten Partys? Wo lesen wir Zeitung? Wo trinken wir den kleinen Kaffee zwischendurch? Wo werden Einkaufslisten geschrieben und neue Rezepte ausprobiert? Und wo plaudern wir am liebsten mit der Freundin? In der Küche! Also war klar: Ich schaffe mir mein Mini-Café in meiner Küche.

Natürlich durfte das Wahrzeichen von Paris nicht fehlen: der Eiffelturm.

Bonjour Paris

Paris. Der Name zergeht mir auf der Zunge. Und ich fange gleich an zu träumen. Sehe die kleinen verwinkelten und romantischen Gassen vor mir. Schnuppere den Duft leckerer Croissants und des herrlichen Café au Lait, der aus den Straßencafés strömt.

Die Eiffelturm-Form lässt sich wunderbar als Deko-Element nutzen. Zusammen mit den kleinen Fähnchengirlanden entsteht so ein charmanter Hingucker.

Schlendere in Gedanken über die herrlichen Märkte, decke mich mit frischem Obst und schönen Blumen ein und werfe im Vorbeigehen einen kleinen Blick in eine stilvoll eingerichtete Wohnung mit vielen Bildern an den Wänden und einem üppigen Blumenbouquet auf dem Tisch, und höre schöne französische Musik, die aus dem Radio kommt. Laufe weiter, bis ich zum wohl markantesten Wahrzeichen von Paris komme: dem Eiffelturm.

Mit meinem kleinen französischen Frühstück möchte ich Ihnen den Zauber dieser Stadt in Ihr Zuhause bringen. Zum „Petit Paris"-Frühstück möchte ich selbst gebackene Brioches anbieten oder frische Croissants. Beides passt hervorragend zum Café au Lait. Dazu serviere ich hausgemachte Konfitüre und ein leckeres Knuspermüsli. Frische Beeren und Joghurt bringen die Farben der Trikolore auf den Tisch. Was könnte geschmacklich und farblich noch passen? Mir kommt der „Arme Ritter" von

Oma Reiter in den Sinn. Das Gericht bekamen wir früher als Kinder immer serviert, wenn wir zu meinem Patenonkel an den Schliersee fuhren. Das Erste nach der langen Fahrt, das uns Oma Reiter dann zubereitete, war ein „Armer Ritter". Für uns damals der Himmel auf Erden. Und auch heute mögen wir die gebackenen süßen Brotscheiben noch sehr gerne. In Frankreich ist der „Arme Ritter" als *pain perdu* bekannt, zubereitet mit frischer Brioche ist er aber ebenso köstlich.

Während der Duft von frisch Gebackenem den Raum erfüllt, Edith Piaf im Hintergrund singt, ist aus meiner Küche ein Mini-Bistro à la française geworden. Anstelle unseres Küchentisches steht dort nun der kleine weiße Gartentisch mit den zwei geschwungenen Metallstühlen. Das Ensemble hat normalerweise in meiner Rosenecke seinen Platz, ist wetterbedingt mit einer leichten Patina überzogen und passt perfekt zu meinem

Der hübsch gedeckte Tisch lädt zu einem gemütlichen und ausgiebigen Frühstück mit einer lieben Freundin ein. Aus großen Jumbotassen schmeckt der Cafe au Lait am besten.

Süß verpackte Macarons sind immer ein willkommenes Geschenk.

Schöne Schwarz-Weiß-Bilder zaubern französisches Flair in die Küche.

Frühstücksmotto. Weiße gehäkelte Kissenbezüge geben den Gartenstühlen eine wohnliche Gemütlichkeit. Der kleine Tisch hat eine selbst gemachte Girlande in den Farben Frankreichs bekommen. Die kleinen rot-weiß karierten Tischsets, eigentlich sind es Stoffservietten, geben der Tischdekoration etwas Leichtes und Ungezwungenes. Dazu weißes Porzellan, am Rand zart gerillt, und ein elegantes Silberbesteck. Als besonderes Highlight stehen gebackene Eiffeltürmchen, mit einer kleinen französischen Fahne dekoriert, auf den Tellern. In einer alten Emaillekanne verströmen rosafarbene und blauviolette Hyazinthen ihren süßlichen Duft. Auf einer kleinen stilvollen Tortenplatte stehen hausgemachte Konfitüren in schönen Gläsern. Der leckere Café au Lait dampft in den großen Jumbotassen vor sich hin. Über der Heizung liegt eine rot-weiß karierte Tischdecke – so ist der Heizkörper verdeckt und der Tisch bekommt einen schönen farblichen Hintergrund. Ein alter Blumenhocker, der normalerweise im Wohnzimmer am Fenster steht, hat in der Ecke seinen Platz gefunden.

Auf ihm steht eine kleine Tischlampe mit weiß plissiertem Schirm, der mit roten Streublümchen gemustert ist. Daneben eine kleine Vase mit einer roten Rose und zwei Teelichtern. Die kleinen geschwungenen Gläser spenden ein wunderbares Licht. An den Wänden hängen atmosphärische Schwarz-Weiß-Bilder mit französischen Motiven, darunter Schauspieler und Filmszenen. Das selbst gebaute Holzregal hat eine weiß-rote Dekoration bekommen. Feines weißes Porzellan mit roten Akzenten, süße rot-weiß gepunktete Schalen, Emaillebecher und -dosen, rote Teedosen sowie zwei Minigirlanden in den Farben der Trikolore. Diese Minigirlanden habe ich aus kleinen Zahnstocher-Fähnchen und einer Juteschnur gebastelt.

Während wir die gebackenen Brioches mit köstlicher Konfitüre genießen, schauen wir uns alte Bilder früherer Paris-Reisen an und schwelgen in Erinnerungen. Vielleicht planen wir bald eine erneute Reise nach Paris, um dann wieder in einem Bistro die Atmosphäre der Stadt zu genießen und uns an unser kleines französisches Frühstück zu erinnern?

Ein kleines Gastgeschenk darf natürlich nicht fehlen. Ich mag es, eine kleine Erinnerung an ein schönes Ereignis zu verschenken. So kann man sich hinterher noch an vergnügliche Stunden erinnern und sie Revue passieren lassen. Dieses Mal habe ich mich für Macarons entschieden. Kleine gebackene Köstlichkeiten, die man in Paris am besten bei Ladurée genießt. Sie schmecken einfach deliziös. Auch bei uns kann man sie inzwischen kaufen. Selbst gebackene Macarons zu verschenken, ist natürlich noch etwas persönlicher. Eingepackt in eine hübsche Schachtel mit durchsichtigem Deckel, mit einer kleinen Schleife aus rot-weiß kariertem Stoff verknotet, sind die Macarons ein zauberhaftes und zugleich köstliches Präsent.

Mein Krönchen

Als besonderes Highlight meines „Petit Paris"-Frühstücks habe ich die Eiffelturm-Plätzchen zu einem stehenden Turm zusammengesetzt.

Dafür das Gebäck nach dem Abkühlen mit einer Glasur aus ca. 2–3 EL Puderzucker und 1 TL Wasser zu einem vierseitigen Turm zusammenkleben. Die Glasur sollte sehr zähflüssig sein. So hält das Türmchen am besten. Bevor die Glasur vollständig getrocknet und fest geworden ist, stecken Sie oben noch ein Fähnchen hinein.

EIFFELTURM-PLÄTZCHEN

Das brauchen Sie

für ca. 4 große Eiffeltürme

- 75 g Butter
- 80 g Zucker
- 1 Ei
- 175 g Mehl
- 50 g Zartbitter-Kuvertüre
- 1 EL Kakaopulver
- Eiffelturm-Ausstechform

Die Butter schaumig rühren, nach und nach Zucker, Ei und Kakaopulver zufügen und alles zu einem schaumigen Teig verrühren. Die Kuvertüre über dem Wasserbad schmelzen lassen.

Die geschmolzene Kuvertüre unter den Teig mischen. Das Mehl zufügen und die Zutaten zu einem glatten Teig verkneten. Falls der Teig noch etwas feucht ist, beim Ausrollen zusätzlich etwas Mehl hinzufügen.

Den Teig portionsweise auf der mit Mehl bestäubten Arbeitsfläche ausrollen, mit der Eiffelturm-Form (oder einem anderen geeigneten Ausstecher) ausstechen und auf ein mit Backpapier ausgelegtes Backblech legen. Den Ofen auf 180 °C (Ober- und Unterhitze) vorheizen und die Plätzchen etwa 8–10 Minuten backen.

Sollten Sie, je nach Größe des Ausstechers, Teig übrig haben, lässt sich dieser problemlos für eine spätere Gelegenheit einfrieren.

BRIOCHES

Während man bei uns Brioches eher in Form eines Brotlaibs kennt, bekommt man in Frankreich auch Brioche-Brötchen, die in entsprechenden Förmchen gebacken werden. Diese Mini-Brioches finde ich persönlich noch schöner. Und da die Förmchen inzwischen sogar bei uns erhältlich sind, können wir sie auch wie in Frankreich backen.

Das brauchen Sie

für ca. 12 Brötchen oder 1 Brot

- 40 g frische Hefe
- 3 EL warmes Wasser
- 85 g Zucker
- 4 Eier und 1 Ei zum Bestreichen
- ⅛ l Buttermilch
- 550 g Mehl und etwas mehr zum Bearbeiten
- 1½ TL Salz
- 200 g Butter und etwas mehr für die Form

Hefe und Wasser mit 3 EL Zucker vermischen und kurz gehen lassen. Eier und Buttermilch gründlich untermengen. Mehl, restlichen Zucker und Salz in einer Rührschüssel mischen. Die Butter würfeln, zur Mehlmischung geben und mit den Fingerspitzen einarbeiten. Die Hefe-Buttermilch-Mischung zugießen und den Teig gut verkneten. Er ist sehr klebrig, daher geht das Kneten mit der Hand einfacher als mit dem Knethaken.

Die Arbeitsfläche leicht mit Mehl bestäuben und den Teig nochmals etwa 5 Minuten durchkneten. Den Teig in eine saubere Rührschüssel geben, abdecken und gut 2 Stunden gehen lassen, bis er sein Volumen verdoppelt hat. Danach nochmals auf der leicht mit Mehl bestäubten Arbeitsfläche durchkneten. Auch wenn der Teig noch sehr klebrig ist, nicht mehr Mehl unterkneten. Besser die Finger mit etwas Mehl bestäuben, sodass der Teig nicht zu sehr an den Händen klebt. Den Teig zurück in die Rühr-

schüssel geben und nochmals 30 Minuten gehen lassen. Inzwischen die Förmchen leicht einfetten und mit Mehl bestäuben.

Den Backofen auf 200 °C (Ober- und Unterhitze) vorheizen. Das Ei für die Glasur verquirlen. Vom Teig jeweils ein größeres und ein kleineres Stück abnehmen und diese zu Kugeln formen. Zuerst die größere Kugel in die Form setzen, mit dem Finger in der Mitte ein kleines Loch bohren und dann die kleinere Kugel leicht in die Öffnung drücken. Mit dem restlichen Teig genauso verfahren.

Zum Schluss die Brioches mit dem verquirlten Ei bestreichen und 15–20 Minuten backen.

Das Rezept bekam ich von einer lieben Freundin, die einige Zeit in Frankreich lebte.

PAIN PERDU

mit Beeren

Das brauchen Sie

für 2 Personen

- 2 Weißbrot- oder Toastscheiben
- 2 Eier
- 50 ml Milch
- 1 TL gemahlener Zimt
- Öl zum Backen
- Blaubeeren und Himbeeren
- Puderzucker zum Bestäuben

Die Eier mit der Milch und dem Zimt verrühren und in eine flache Form geben. Die Weißbrot- oder Toastscheiben darin gründlich wenden. Eine Pfanne mit Öl erhitzen und die Brotscheiben hineinlegen. Jede Seite bei mittlerer Hitze goldbraun rösten.

Auf einem Teller anrichten, mit Beeren belegen und mit etwas Puderzucker bestäuben. Noch warm genießen!

Das *pain perdu* schmeckt auch köstlich mit frischen Erdbeeren und Kokosraspeln.

Eine andere leckere Variante sind süße Bananen und einige Tropfen Schokosauce.

KNUSPERMÜSLI
hausgemacht

Das brauchen Sie
für 15 Portionen

- 500 g feine Haferflocken
- 3 Puffreiswaffeln, zerbröselt
- 50 g Kokosflocken
- 50 g Mandelblättchen
- 75 g Zartbitterschokolade
- 100 g brauner Zucker
- 3 EL Honig
- 3 EL Kakaopulver
- 3 EL Wasser

Das Müsli schmeckt besonders gut mit frischem Natur-joghurt, einem Teelöffel Honig und frischen Blaubeeren und Himbeeren.

Den Zucker mit dem Wasser in einem Topf kurz auf-kochen lassen und dann Honig und Kakaopulver einrüh-ren. Schokolade klein hacken, Puffreis zerbröseln. Den Backofen auf 180 °C (Ober- und Unterhitze) vorheizen. Ein tiefes Backblech mit Backpapier auslegen. Hafer-flocken, zerbröselten Puffreis, Kokosflocken und Mandel-blättchen gut vermischen und darauf verteilen. Die klein gehackte Schokolade zugeben. Die Zucker-Honig-Kakao-Mischung zugeben und alles locker mischen. Die Müs-li-Mischung gleichmäßig auf dem Blech verteilen und ca. 30 Minuten im Backofen knusprig rösten. Das Müsli zwischendurch mehrmals durchrühren, damit nichts zusammenklumpt.

Anschließend gut auskühlen lassen. Das Müsli am besten luftdicht aufbewahren, z.B. in einem schönen Vorratsglas.

Es eignet sich auch hervorragend als Geschenk!

Osterbrunch

Ein liebevoll gedeckter
Tisch, bunt gefärbte
Ostereier und strahlender
Sonnenschein laden
ein zum traditionellen
Osterbrunch.

Gut geplant

Am Ostersonntag findet bei uns traditionell immer ein Brunch statt.

Da der Osterbrunch seit Jahren fest in meinem Kalender eingetragen ist, kann ich schon Wochen vorher mit der Planung beginnen und ganz entspannt einiges vorbereiten und basteln. Jedes Jahr überlege ich mir eine andere Dekoration – mal rustikal mit winzigen Wachteleiern, Zweigen und Osterglocken, mal ganz farbenfroh. Doch immer mit einer kleinen Osterüberraschung für die Gäste. Dafür fange ich eine Woche vorher mit dem Ostereierfärben an, sodass wir genügend bunte Eier haben, etwa für die Osterkörbchen oder die Ostereiersuche, die wir nach Lust und Laune veranstalten.

Die Osterbasteleien sind dann rechtzeitig fertig. Diese kann ich gut an den Wochenenden vorher vorbereiten. Punkt für Punkt gehe ich in der Woche vor Ostern meine Liste durch. So habe ich stets alles im Blick und muss am Ostersamstag nur noch den Brunch selbst vorbereiten und am Ostermorgen den Tisch festlich decken.

Bei schönem Wetter genießen wir den Brunch auch gern im Garten. Die bunten Tulpen blühen in den Beeten, und passend dazu gestalte ich die Tischdekoration. Frühlingshaft leicht und pastellig. Und sollte sich das Wetter kurzfristig ändern, kann der Brunch problemlos nach drinnen verlegt werden.

Meine Farben für dieses Fest

Passend zu den blühenden Tulpen möchte ich die Ostertafel in zarten Farben eindecken und dekorieren. Den Frühling willkommen heißen mit zarten Farben. Hellblau, Rosa und Zartgrün spielen dabei die Hauptrolle. Die Natur im Hintergrund hebt die Pastelltöne noch stärker hervor und lässt die Farben strahlen. Das zauberhafte Geschirr, das ich für den Osterbrunch nutze, hat ein zartes Blumenmuster, das an Frühling, Vogelgezwitscher und summende Hummeln erinnert. Ich mag die feinen Farben und das bezaubernde Muster des Porzellans sehr; dazu werden meine kleinen selbst gemachten Serviettenringe in Hasenohr-Form herzallerliebst ausschauen. Der hübsche blaue Stoff mit den entzückenden Streublümchen ist einer meiner Lieblingsstoffe. Jeder noch so kleine Stoffrest davon wird verarbeitet. Beim Anblick der putzigen Hasenohren muss ich schmunzeln. Sie schauen ein wenig keck drein, wie sie da auf den Servietten thronen.

Ein kleiner, extra aufgestellter Tisch steht bereit für die Köstlichkeiten, die serviert werden. So bleibt der eingedeckte Gartentisch der schönen Dekoration vorbehalten und alles wirkt luftig leicht. Es gibt nichts Ungemütlicheres, als an einem beengten Tisch zu sitzen, an dem man bei jeder Bewegung fürchten muss, etwas umzustoßen. Durch den Beistelltisch ist das Problem behoben und einem entspannten Genuss steht nichts im Wege.

Weitere charmante kleine Hingucker sind rund um die Ostertafel verteilt und bilden einen hübschen Rahmen.

Fröhliche Ostern

Ostern im Garten zu zelebrieren, das heißt auch, den Frühling willkommen zu heißen. Das erste Fest nach einem langen Winter wieder draußen zu feiern, ist etwas Herrliches. Ein paar Stunden in lieber Gesellschaft zu verbringen, ein frischer Frühlingsduft weht einem um die Nase und bunt gefärbte Ostereier warten nur darauf, in ihren Verstecken gefunden zu werden.

Der Osterbrunch hat bei uns Tradition und wir freuen uns sehr auf diesen Tag. Entstanden ist die mittlerweile liebe Gewohnheit vor einigen Jahren. Der erste Brunch zu Ostern hat uns so gut gefallen, dass wir ihn seitdem jedes Jahr wiederholen. Mal nur im Familienkreis, mal mit lieben Freunden, verspricht das ausgedehnte Frühstück mit viel Spaß und himmlischen Köstlichkeiten stets ein besonderes Ereignis zu werden. Der selbst gemachte Eierlikör darf nicht fehlen. Zubereitet wird er von meinem Mann, der inzwischen schon fast zum Eierlikör-Experten geworden ist. Oft verschenken wir ihn in kleinen, hübsch verpackten Flaschen als Ostergeschenk. Immer gibt es selbst gefärbte Eier und andere Kleinigkeiten als Erinnerung an einige besonders

schöne Stunden in lustiger Runde. Jedes Jahr denke ich mir eine neue Tischdekoration und hübsche kleine Blickfänge aus, die ich um und auf der Tafel verteile. Bei unserem Garten-Osterbrunch bildet die Natur mit den im Hintergrund blühenden Tulpen einen wundervollen Rahmen für meine pastellfarbenen Deko-Ideen. Der gedeckte Tisch gleicht einem pittoresken Frühlingsbild, das von einem stimmungsvollen grünen Hintergrund eingerahmt wird. Das zauberhafte, blumig gemusterte Geschirr steht dabei im Vordergrund. Die Pastelltöne

Hellblau, Rosa und Zartgrün auf weißem Grund sind ein wahres Frühlingsversprechen. Das makellos weiße Tischtuch aus feinem Leinen wirkt auf dem Gartentisch sehr edel und bekommt Unterstützung durch die vielen weißen und pastellfarbenen Kissen, die auf den Gartenstühlen und Sitzbänken verteilt liegen. Der Kontrast zwischen den geschwungenen Gartenmöbeln aus Holz und den delikaten weißen Stoffen nimmt der Tischdekoration das allzu Verspielte und schafft gleichzeitig ein feines und elegantes Ambiente.

Der hübsch eingedeckte Tisch ist der absolute Blickfang im Garten. In der Mitte der Terrasse stehend, ist er vorn umgeben von grünen Sträuchern und zarten blühenden Tulpen, die ihre großen Blüten nach oben recken. An der Seite ist ein kleiner Beistelltisch aufgebaut, der mit vielen Leckereien bestückt ist, die nur darauf warten, gekostet zu werden. Selbst gemachte Hefeteig-Hasen mit Füllung, leckerer Joghurt mit Knuspermüsli und Rhabarber- oder Himbeerkompott, mit Kräuterquark gefüllte Hörnchen, Lachs mit Meerrettich, verschiedene Brotsorten und

Schubladen mal anders nutzen: Ein schöner Osterkranz wird zum Blickfang.

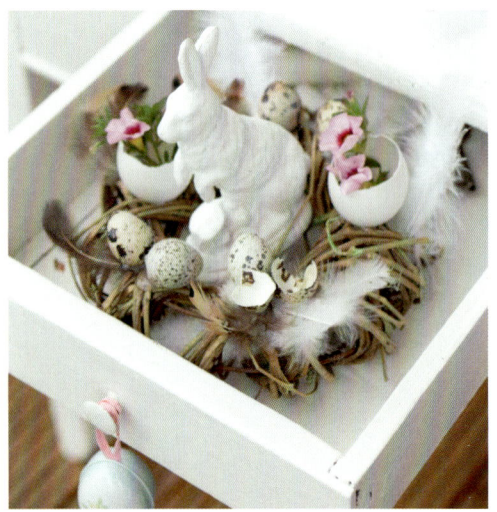

Brötchen, selbst gemachte Konfitüren, frisches Obst oder köstliche Tomaten mit Mozzarella. Der alte Holztisch in seinem weißen Farbkleid mit den Gebrauchsspuren vieler Jahre ist ein uriges Stück, das ich gerne als Zusatztafel nutze. Die kleine Schublade ist halb ausgezogen und hat als Hingucker eine bezaubernde Osterdekoration bekommen.

Die ersten Leckereien stehen hübsch arrangiert bereit und laden zum Probieren ein.

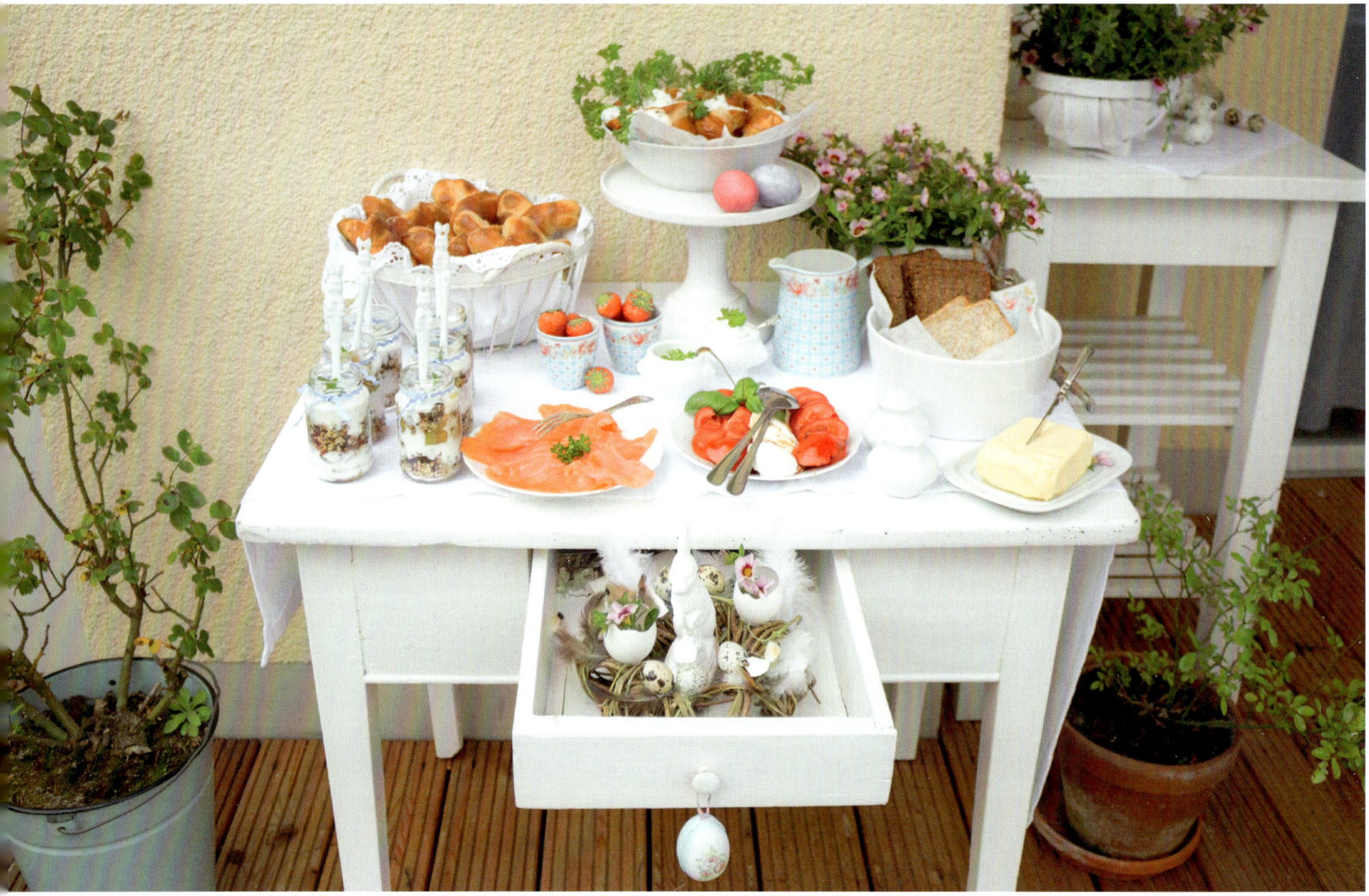

Die selbst gebaute Tischplatte wird als Deko-Element genutzt und ziert die Wand.

Schön dekoriert, aber nicht überladen, schaut der eingedeckte Tisch aus.

Die Sitzgelegenheiten sind üppig mit weichen Kissen ausgelegt, die zum bequemen Sitzen einladen. Kuschelige weiße Kissen mit zarter Spitzenborte schmücken die Stühle. Kissen mit feinem Blumenmuster liegen auf der Gartenbank. Sie harmonieren wunderbar mit dem schönen Geschirr. Der Tisch ist mit einem Tischtuch aus feinem, weißem Leinen bedeckt. Die weißen Stoffservietten ergänzen die Tischdecke. Die selbst gemachten Serviettenringe sind charmanter Blickfang auf den hübschen Tellern. Beim Anblick der süßen Hasenohren muss man einfach schmunzeln. Sie geben der Tafel eine lockere Leichtigkeit, einen kleinen verspielten Akzent. Reizende Eierbecher, mit kleinen Kränzen und Blümchen verziert, nehmen die Farben des Porzellans wieder auf, lassen es aber trotzdem im Vordergrund stehen. Die niedlichen Kränze können unsere Gäste später mit nach Hause nehmen. Die als Blumenvasen genutzten Eierschalen sind mit Wasser gefüllt, damit die Blüten ein paar Tage halten. Einige, wie zufällig platzierte gesprenkelte Hühner- und Wachteleier bringen zusätzliche Osterstimmung auf den Tisch. Der Tee in der großen Kanne wird auf dem Stövchen warm gehalten. Mit Teelichtern bestückte, aus Pappe gebastelte Krönchen (siehe Seite 34) verbreiten ihr warmes Licht. Die herzförmigen Kerzenständer aus Zink sind mit frischer Kresse verziert. Die auf dem Tisch verteilten Kerzen schaffen eine heimelige Atmosphäre. Ein weißer Elfenspiegel steht in einer hohen Fußschale aus Glas in der Tischmitte, gleich neben einem großen Krug mit Tulpen. Mein Lieblingsbesteck aus Silber bildet bei der Tischdekoration das i-Tüpfelchen.

SERVIETTENRINGE

Das brauchen Sie
für ca. 6 Serviettenringe

- Stoff ca. 0,50 × 0,50 m (hier Tilda Stine Teal)
- Stoffschere, Stoffkleber, Papier, Stift, Stecknadeln
- Heißklebepistole
- 1 Papprolle (z. B. leere Haushaltsrolle)

Die Papprolle in sechs gleich große Ringe schneiden. Die ca. 2 cm breiten Ringe aufschneiden und den Pappstreifen glatt streichen. Aus dem Papier zwölf einzelne Hasenohren aufzeichnen und ausschneiden. Für gleich große Ohren einfach das erste ausgeschnittene Ohr als Schablone für die restlichen Ohren nutzen.

Den Stoff mit der rechten Seite nach unten legen, den ersten Pappstreifen auflegen und feststecken. Beim Feststecken darauf achten, dass der Stoff um den ganzen Pappring geklebt werden kann. Den Stoffstreifen ausschneiden und mit den restlichen Pappstreifen genauso verfahren. Den Stoff mit Stoffkleber auf die Pappringe kleben. Dabei sollte der Stoff an einer Seite etwas überlappen.

Den übrigen Stoff doppelt (rechts auf rechts) legen und die aus Papier zugeschnittenen Hasenohren mit Stecknadeln befestigen. Dann ausschneiden. Die ausgeschnittenen Stoffohren (insgesamt 24 Stück) werden vorn und hinten auf die Papierohren geklebt, damit jede Hasenohrseite mit Stoff bedeckt ist. Wenn der Kleber getrocknet ist, das Ohr an der unteren Seite leicht zusammendrücken und ein wenig formen.

Die mit Stoff bezogenen Pappringe nun zu einem Ring formen, dabei die „Klebeseite", an der sich der Stoff überlappt, nach innen falten. Die Enden mit Heißkleber zusammenfügen. Jeweils zwei Hasenohren oben auf den Ring setzen. Zuerst ein Ohr ankleben, dabei die zu klebende Stelle leicht zusammendrücken, sodass das Hasenohr muschelförmig aussieht. Das zweite Ohr danebensetzen. Auf diese Weise fortfahren, bis alle Stoffringe ihre Ohren bekommen haben.

Das brauchen Sie

- 1 Weidenkranz (aus dem Blumen- oder Bastelladen)
- 1 Deko-Hase (aus Gips, in einer alten Hasenbackform gegossen)
- ca. 8 Wachteleier
- weiße und braune Federn
- 2 ausgespülte weiße Eierschalen
- Heißklebepistole

Den Kranz mit den Eierschalen bekleben. Ich versuche vor Ostern immer, die zum Backen und Kochen genutzten Eier so aufzuschlagen, dass bei den Schalen ein schöner Rand stehen bleibt.

Einige Wachteleier teilen und die Wachtelschalen ebenfalls auf dem Kranz verteilt ankleben. Zwischendurch einige Federn darunter arrangieren und mit der Heißklebepistole befestigen.

Die restlichen Federn in den Kranz stecken. Wasser in die Eierschalen füllen und kleine Blüten hineinstecken. Die Hasen mitten in den Kranz setzen. Fertig ist eine schnelle, frische Osterdekoration.

Ein mit Wachteleiern und Federn geschmückter Weidenkranz, in dem ein niedlicher weißer Hase aus Gips steht. Rechts und links vom kleinen Tisch stehen Rosensträucher in alten Emailleeimern. Die ersten zarten, noch geschlossenen Knospen lassen auf herrliche Blüten hoffen. Über dem Tisch am weißen Blumenregal hängen Pastelleier herab. Das hübsche Vogelhaus hat blumige Unterstützung bekommen. Die zarten rosa Blüten des Elfenspiegels harmonieren mit den Pastelltönen des Osterfestes. Der Tontopf ist mit weißem Filz eingekleidet und hat eine weiße Feder zur Verzierung bekommen. In der Ecke neben den großen Terrassentüren steht ein weiterer hoher Ablagetisch. Dekoriert mit einem geweißten alten Gartenkorb und gefüllt mit rosa und weißen Blumen. Der große selbst gemachte Holzhase, seit Jahren eines meiner liebsten Deko-Stücke an Ostern, steht direkt daneben. Ein großes Windlicht und einige Wachteleier vervollständigen die Dekoration. Neben dem Esstisch, an die Wand gelehnt, steht die Zusatzplatte des Wohnzimmertisches. Österlich geschmückt, mit hübschen Hängevasen, die mit rosa Tulpen gefüllt, und mit Styroporeiern, die mit Papier beklebt sind, wird die Platte an der Wand hinter dem Tisch zum echten Hingucker.

Noch einen schnellen Blick auf das Vorbereitete und nun freuen wir uns auf unsere Gäste. Bei unserem Brunch geht es immer sehr locker zu. Oft sitzen wir stundenlang beieinander. Zwischendurch kann jeder, der Lust hat, auf Eiersuche gehen. Dafür verstecke ich kurz vor dem Eintreffen der Gäste viele gefärbte Ostereier im Garten. Kleine weiße Körbchen stehen zum Sammeln bereit. Es ist immer ein großer Spaß, der oft mit unserem berühmten „Eierpecken"

HOLZHASE

Das brauchen Sie

- Holzbrett von ca. 40 × 30 × 2 cm
- Holzbrett von 30 × 15 × 2 cm
- Stichsäge, feines Schleifpapier
- Bleistift, Pinsel, Holzleim
- weiße sowie dunkelbraune oder schwarze Acrylfarbe
- Stoffband

Auf dem Holzbrett einen Hasen vorzeichnen, vorsichtig mit der Stichsäge aussägen und dann mit dem Schleifpapier die Ränder glätten. Den Hasen auf das Brett stellen, die Mitte ausmessen und markieren. Den Hasen auf der Unterseite mit Holzleim bestreichen und auf die Markierung setzen. Ein paar Minuten fest andrücken, bis der Leim angetrocknet ist. Sobald der Leim trocken ist, können Hase und Standbrett weiß gestrichen werden. Trocknen lassen. Im Anschluss mit der braunen Farbe das Gesicht aufmalen. Eventuell noch vorsichtig mit sehr wenig Farbe die Ränder leicht schattieren.

Das Stoffband umbinden und fertig ist der Osterhase!

EIER NATÜRLICH FÄRBEN

Farbige Ostereier gehören bei uns unbedingt zum Osterfest. Es ist ein guter alter Brauch, Ostereier zu färben, sie zu verstecken und zu suchen. Natürlich kann man fertige bunte Eier kaufen. Sie selbst zu färben, macht aber viel mehr Spaß. So entstehen einzigartige Kreationen. Besonders gern verwende ich hierfür natürliche Materialien; damit gelingen zarte Eierfarben, manchmal leicht marmoriert. Die so gefärbten Eier können auch Allergiker, die auf künstliche Farbstoffe reagieren, bedenkenlos essen.

Wichtig: Die Eier, ob ausgeblasen oder gekocht, vorher immer gründlich mit Essigwasser säubern. Dann nimmt die Schale die Farbe besser an. Ich verwende bevorzugt Bio-Eier; deren Schalen sind dicker und kräftiger und daher zum Färben geeigneter. Außerdem schmecken diese Eier viel besser.

Das brauchen Sie

- ca. 25 Bio-Eier
- 3 Knollen Rote Bete für rosafarbene oder rote Eier
- 3 EL Kurkuma für gelbe Eier
- 300 g Heidelbeeren für blau-violette Eier
- 1 Bund Petersilie oder Spinat für grüne Eier

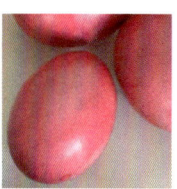

Für die rosafarbenen und roten Eier die Rote Bete aufschneiden und in einem Topf mit 2 l Wasser aufkochen. Die gekochten oder ausgeblasenen Eier je nach gewünschter Farbintensität darin ziehen lassen. Die Eier können auch in dem Sud gekocht werden.

Für die gelben Eier die Kurkuma in 2 l kochendes Wasser geben und darin ziehen lassen. Die Färbezeit richtet sich nach der gewünschten Farbintensität.

Für die blau-violetten Eier die Heidelbeeren zerdrücken, mit 1 l Wasser aufkochen. Eier lange darin ziehen lassen.

Für die grünen Eier Petersilie oder Spinat mit 1 l Wasser aufkochen und die Eier darin am besten über Nacht ziehen lassen.

Zum Schluss die getrockneten Eier mit ein wenig Essig abreiben – so bekommen sie einen schönen Glanz.

Mein Krönchen

Einen Eierbecher, eine ausgespülte Eierschale, Telancie aus dem Blumenladen und kleine Blüten von Frühlingsblumen – mehr braucht es nicht für dieses bezaubernde Osternest.

Die Eierschale in die Becher setzen und mit etwas Wasser füllen. Telancie zu einem Kranz formen und um die Schale legen. Blümchen hineinsetzen. Durch das Wasser halten die Blüten ein paar Tage und das Ensemble wird zum wunderschönen Gastgeschenk. Eine besondere Erinnerung, die den Tag krönt.

Kleine weiße Körbchen, mit wenig Stroh ausgelegt, stehen für die Eiersuche bereit.

endet: Das Osterei wird mit dem Osterei eines anderen zusammengestoßen - oben und unten. Derjenige, dessen Ei bis zum Schluss unversehrt bleibt, hat gewonnen. Die restlichen Eier können in den Körbchen zusammen mit den übrigen Osterpräsenten mit nach Hause genommen werden und erinnern an den gemütlichen Ostertag.

Das brauchen Sie

für ca. 1½ Liter

- 9 Eigelb (am besten von Bio-Eiern)
- 225 g Puderzucker
- 2 Vanillestangen
- 380 ml Kondensmilch
- ¾ l Weinbrand

Die Eier trennen und den Puderzucker in eine Schüssel sieben. Eigelbe zufügen und in etwa 5 Minuten zu einer cremigen Masse verquirlen.

Die Vanilleschoten längs aufritzen und das Mark herauskratzen. Zur Eigelbmasse geben.

Die Kondensmilch in einem dünnen Strahl unter Rühren zur Eigelbmasse geben. Dann den Weinbrand langsam untermischen.

Den Eierlikör 2 Stunden kalt stellen und zwischendurch umrühren. Den eventuell entstandenen Schaum abschöpfen. Den fertigen Eierlikör in sterile Flaschen füllen und im Kühlschrank aufbewahren. Dort hält er sich ca. 4 Wochen.

Das restliche Eiweiß lässt sich toll für Baiser nutzen!

Den selbst gemachten Eierlikör, der in alten Likörgläsern serviert wird, gibt es traditionell zur Begrüßung.

Das brauchen Sie
für ca. 10 Stück

TEIG:

- 500 g Mehl
- 25 g frische Hefe
- 130 ml warme Milch
- 60 g weiche Butter
- 2 Eier
- 60 g Puderzucker
- 1 Prise Salz

FÜLLUNG:

- 3 EL Nutella
- 2 EL Mandelsplitter
- 2 EL Haselnusskrokant

Die Hefe in warmer Milch auflösen. Mehl, Puderzucker und Salz in einer Schüssel mischen. Die Hefe-Milch-Mischung unterrühren. Butter und Eier zufügen und alles zu einem Teig verkneten. An einem warmen Ort ca. 60 Minuten gehen lassen.

Den Backofen auf 200 °C (Ober- und Unterhitze) vorheizen. Nutella mit Mandelsplittern und Haselnusskrokant mischen.

Den Teig leicht durchkneten. Ein Viertel abnehmen und zu zehn gleich großen Kugeln formen. Den restlichen Teig ebenfalls in zehn Stücke teilen. Jedes Teigstück flach ausrollen. Ein wenig von der Nutella-Mischung aufstrei-

chen und den Teig zu einer langen Rolle formen. Dabei die Enden spitz zusammendrücken, damit beim Backen die Füllung nicht auslaufen kann.

Nun die Rolle zur u-Form legen und eine Seite über die andere legen, sodass sich die Seiten kreuzen. Nochmals einen Strang der Rolle über den anderen legen. Die Spitzen nun ein wenig flach drücken. Die kleinen Teigkugeln in den unter den gedrehten Strängen entstandenen Hohlraum legen und leicht andrücken.

Die geformten Hasen auf ein mit Backpapier ausgelegtes Backblech legen und bei etwa 200 °C (Ober-und Unterhitze) 10-12 Minuten backen.

Alles Gute zum Muttertag

Prachtvolle Blumenbouquets, zartes Porzellan in Pastelltönen und himmlische Leckereien machen den Muttertag zu einem einzigartigen Moment, der das Leben bereichert.

Pastellig schön

Eine kleine Kaffee-runde mit allerlei netten Kleinig-keiten passt gut zum Muttertag.

Der Muttertag ist ein Tag, um Danke zu sagen und seine Wertschätzung für die Mutter auszudrücken, vor allem aber, um jemandem eine Freude zu machen. In Gedanken stelle ich mir die Tischdekoration als Abbild des Frühlings vor – hell, zart, mit einem Blumenmeer auf der Festtafel. Für das frühlingshafte Ambiente möchte ich viele kleine und große Schmetterlinge aus schönem Papier basteln und überall verteilen. Ich liebe es, wenn im Frühjahr die Schmetterlinge wieder von Blüte zu Blüte schwirren und es aussieht, als tanzten sie durch die Blumenbeete. Wenn der Flieder seinen herrlichen Duft verströmt und die Sonne vom Himmel strahlt. Im Mai sieht die Natur so frisch und fröhlich aus. Diese Stimmung möchte ich gerne in meiner Dekoration einfangen. Während ich durch den Garten streife und noch einmal den intensiven Fliederduft einatme, arbeitet mein Kopfkino auf Hochtouren – und ich weiß, welche Farben ich verwenden, welches Geschirr ich auswählen werde und welche Leckereien es geben wird.

Meine Farben für dieses Fest

Farben wie Lindgrün und Rosa verkörpern für mich den Frühling. Dazu gesellen sich Weiß und Creme. Wie draußen im Garten, wird es auch drinnen ein Blumenmeer geben. Ein altes Nähkästchen erhält ein neues

Farbgewand und wird als Blumenetagere genutzt. Aber nicht nur Blumen möchte ich verteilen. Papier wird mein „Festmaterial" werden, das ich vielseitig nutzen möchte. Früher als Kind habe ich am Muttertag gern ein gemaltes Bild mit einem kleinen gepflückten Blumenstrauß aus Gänseblümchen verschenkt. Seitdem gehören für mich Blumen und Papier als feste Bestandteile zum Muttertag dazu. Sobald ich mit der Planung beginne, kommen mir diese beiden Elemente in den Sinn – und dieses Mal werde ich sie für meine Dekoration nutzen. Ich male zwar kein Bild mehr, aber mit Papier lassen sich wunderbare Sachen einfach und schnell herstellen. Papier ist so wunderbar vielseitig und auch farblich immer wieder anders. Mir schweben schöne Karten, kleine Blumenbälle, Pompons und natürlich Schmetterlinge vor, die im Raum verteilt sind und eine frühlingshafte Atmosphäre verbreiten. Das Ambiente ist in Pastelltönen gehalten. Das Papier bekommt durch die pudrigen Töne und das filigrane Blumenmuster einen feinen nostalgischen Touch. Als Kontrast zu den Pastellfarben setze ich zwischen dem schönen Hellgrün und Rosa kleine rote Akzente, zum Beispiel in Form von roten Macarons, Erdbeeren, leckerem Erdbeerwein und Rhabarbersaft. Kleine Farbkleckse, die das Pastellbild auflockern. Eine fröhliche Stimmung soll entstehen, die dem Ehrengast hoffentlich viel Freude bereitet. Der Raum soll herrlich dekoriert sein, der Tisch festlich aussehen – aber alles auf eine leichte und lockere Art. Wie ein Frühlingsversprechen.

Hell und luftig soll es werden.

73

Zauberhafte Kaffeerunde

Im schönen Mai, wenn die Sonne ihre Strahlen schickt und die Natur richtig erwacht, die Blumenbeete in voller Blüten stehen, es überall summt und brummt, dann feiern wir Muttertag. Ich finde es herrlich, diesen Tag gebührend zu zelebrieren und in vollen Zügen auszukosten.

Ein reich gedeckter Tisch wartet auf die Gäste. Die prachtvollen Blumenbouquets sind besondere Hingucker und thronen imposant zwischen dem schönen Porzellan.

Vielleicht liegt es an der Energie des Frühlings, dass mir immer dann besonders viele Ideen für eine schöne Dekoration in den Kopf kommen, mit denen ich meine Mutter oder meine Schwiegermutter überraschen kann. Ich weiß manchmal nicht, wer mehr Freude empfindet – die Ehrengäste beim Hereinkommen oder ich beim Dekorieren. Aber eines weiß ich genau: Wir alle genießen die gemeinsamen Stunden. Und erwartungsvoll blicke ich ihnen entgegen.

Es ist so schön draußen, dass ich alle Fenster und Türen weit öffne, um den zarten Frühlingsduft hereinzulassen. Durch die offenen Terrassentüren wehen die weißen Gardinen im leichten Wind und die Vögel zwitschern im Garten keck und fröhlich vor sich hin und machen sich vielleicht ein wenig über Nachbars Katze lustig, die sie

aus weiter Ferne beobachtet. Noch einen kurzen Moment nehme ich dieses Bild in mir auf, dann werfe ich einen letzten Blick auf meine Muttertags-Festtafel. So fröhlich wie es im Garten zugeht, so fröhlich ist der Raum dekoriert. Hell und luftig, mit vielen frischen Farbakzenten und herrlichen Blumen ist das Wohnzimmer zum Frühlingszimmer geworden.

Von der Terrasse aus kann ich den ganzen Raum überblicken. Gleich neben dem großen Fenster steht ein geweiß-

Die aparte, auf der selbst gebauten Staffelei stehende Karte wartet ebenso wie das hübsch verpackte kleine Geschenk auf den Ehrengast.

ter Hocker mit einer alten Emaillekanne, die mit weißen Rosen und Hortensienblüten und zauberhaften Glasglocken in Hellblau bestückt ist. Vor dem Spiegel gibt es eine weitere Kanne mit Rosen; es sind die gleichen wie in den großen Blumenbouquets auf dem Tisch. Die weißen Möbel bilden den perfekten Hintergrund für die vielen Blumen, die so wunderbar akzentuiert werden. An der Hakenleiste über der Sitzbank hängen zwei kleine weiße Laternen, die am Abend angezündet werden. Selbst gemachte rosa Pompons runden das Bild ab, ebenso wie ein

weißer Bilderrahmen, in dem Muttertagsglückwünsche stehen. Zwei große Bilder mit pastellfarbenen Blumenmotiven hängen rechts und links von der Hakenleiste und rahmen sie ein. Links von der reich gedeckten Tafel steht ein weißes Sideboard mit gedrechselten Beinen und ausgeschnitzter Umrandung. Sonst im Bad zu finden, passt es heute perfekt als Beistelltisch, um diverse Köstlichkeiten zu präsentieren. Als besonderes Highlight steht ein hellgrün gestrichenes altes Nähkästchen auf dem Sideboard. Geöffnet hat es verschiedene Ebenen, die

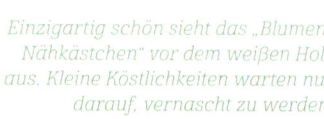

Einzigartig schön sieht das „Blumen-Nähkästchen" vor dem weißen Holz aus. Kleine Köstlichkeiten warten nur darauf, vernascht zu werden.

Ein toller Blickfang im Raum ist der Seitentisch mit der Blumenetagere.

Meine zusätzliche Tischplatte dient mir heute als Wandelement, das mit süßen Schmetterlingen und zauberhaften Blumenkarten geschmückt ist.

es wie eine kleine stufige Etagere aussehen lassen. Die Fächer sind teilweise mit Blumen, teilweise mit Leckereien gefüllt. Damit die Blumen im Steckmoos auch gegossen werden können, wurden die Blumenfächer vorher sorgfältig mit Frischhaltefolie ausgelegt. Der Efeu steckt in Gefrierbeuteln, so bleibt das Nähkästchen später weiterhin nutzbar. Die Fächer mit den Köstlichkeiten sind mit schönen Papierservietten ausgelegt. Die saftigen Erdbeeren und die köstlichen Erdbeer-Macarons warten nur darauf, verzehrt zu werden. Aber auch der herrliche Kuchen auf der hübschen weißen Kuchenplatte lädt zum Probieren ein.

Hinter dem Sideboard gibt die zusätzliche Tischplatte, die heute nicht gebraucht wird, dem Ambiente einen ansprechenden Hintergrund. Daran sind kleine Karten mit nostalgischen Blumenmotiven befestigt. Ein „Schwarm" Schmetterlinge, aus hübschem Papier gestanzt, reiht sich dazu. Die kleinen Schmetterlinge sehen aus, als würden sie jeden Moment davonflattern. Ein rosa Pompon, der gleiche wie an der Hakenleiste, sorgt für einen zusätzlichen Farbtupfer. Die Holzplatte mit ihrer Dekoration sieht aus wie ein hübsches plastisches Bild. Über dem Kuchentisch hängen drei große Papierblumen in leuchtendem Grün. In den Ablagefächern des Tisches stehen zusätzliche Teller und Gläser, hellrosa Papierblumen liegen als bunte Farbklecks auf dem unteren Regal. Die fröhlichen Pompons sind wunderbar fluffig und bringen eine fröhliche Nuance in die Dekoration. Im Mittelpunkt steht die reich gedeckte Tafel mit zwei großen weißen, sehr edlen, runden Fußschalen. Sehr üppig mit Rosen, Schleierkraut und Blattgrün bestückt, geben die Schalen der Tischdekoration etwas Besonderes. Das Porzellan in zartem Hellgrün mit rosa Blumenmuster nimmt die Farben der Dekoration und der Rosen wieder auf. Das feine Muster ist äußerst filigran und erinnert mich ein wenig an das gute „Sonntagsservice" meiner Großmutter, das ich früher so sehr liebte. Die eingedeckten Stielgläser haben zur Verzierung einen kleinen

Liebevolle Details wie die kleinen, mit Blumen bestückten alten Apothekerflaschen verbreiten ein besonderes Flair.

ausgestanzten Papierschmetterling in Rosa bekommen. Dieser passt wunderbar zum Erdbeerwein und zur Rhabarbersaftschorle, die eisgekühlt darauf warten, gekostet zu werden.

Die kleinen Vasen mit ihren geriffelten Mustern haben weiße Stabkerzen bekommen, verziert mit kleinen Papierschmetterlingen und bezaubernden Miniblumenbildern, die kleinen Briefmarken ähneln. Einfach süß und romantisch. Auf Staffeleien aus Papierstrohhalmen stehen die gleichen wunderbaren Karten, die auch an

Kleine Schmetterlinge und Briefmarken zieren die Vasen, die zu Kerzenständern umfunktioniert wurden.

Ausgestanzte Papierschmetterlinge, die an dünne geweißte Holzspieße geklebt sind, verzieren das üppige Blumenbouquet.

der Holzwand hängen. Für eine entzückende Muttertagskarte einfach ein Blumenmotiv auf eine schöne Doppelkarte aus Büttenpapier kleben und feines Seidenpapier einlegen. Die selbst gebastelten Papierblumenbällchen liegen verstreut auf dem Tisch und werden mit ihrem Blumenmuster zur hübschen Zierde. Kleine Schälchen mit Leckereien stehen daneben. Auf der großen weißen Tortenplatte kommen die gebackenen Küchlein perfekt zur Geltung. Auf den Tellern liegen, neben der schönen grünen Stoffserviette, jeweils ein Schokoladenkrönchen und ein Macaron als kleine Dekoration.

Mit einem Lebensmittelstift beschriftet, werden aus den Macarons einfach zauberhafte Platzkärtchen. Der Ehrengast erhält zum Muttertag zusätzlich ein kleines Schächtelchen mit süßem Inhalt. Über dem herrlich eingedeckten Tisch strahlt der große alte Kronleuchter. Er ist behangen mit alten Apothekerfläschchen, in denen filigrane rosa und

ZARTE PAPIERBÄLLCHEN

Hübsche Papierkugeln sehen einzeln oder zu mehreren dekoriert gleichermaßen schön aus. Nicht nur für die Tischdekoration toll: Mehrere Bällchen in einem entzückenden Drahtkorb sorgen für einen schönen Blickfang.

Das brauchen Sie

- 6 Styroporkugeln
- etwas dickeres schönes Papier (z. B. von Tilda)
- Blütenstanzer
- große Stecknadel
- Heißklebepistole

Aus dem Papier möglichst viele Blüten ausstanzen. Diese zu Blütenschalen formen und mit dem Heißkleber auf die Styroporbällchen kleben. Dabei die Papierblüten sehr eng nebeneinanderkleben. Am einfachsten ist es, den Styroporball auf eine große Stecknadel zu spießen. So lässt er sich gut halten, während er rundherum mit Blüten beklebt wird.

*Ein Schokoladenkrönchen ziert den Teller, das „Macaron-Namensschild"
lässt jeden Gast gleich seinen Sitzplatz finden.*

Mein Krönchen

*Jede Tischdekoration sollte einen besonderen Akzent
bekommen, der sie einzigartig macht.*

*Für den Muttertag habe ich zwei große weiße Por-
zellan-Fußschalen ausgewählt. Diese sind mit feuch-
tem Steckmoos ausgelegt, in dem die vielen Rosen,
das Schleierkraut und das Blattgrün Halt finden und
lange frisch bleiben. Das üppige Blumenbouquet hat
zur Verzierung einen Papierschmetterling bekommen. Frühlingshaft und anmutig anzusehen.*

weiße Blümchen stecken. Die liebevoll verteilten Details
lassen den Tisch sehr stimmig aussehen. Dicke weiche
Kissen liegen auf den Sitzplätzen, farblich gemischt,
in hellem Grün, zartem Rosa und Weiß, aber auch mit
Blumenmuster. Die Kissenmischung sieht wie zufällig
ausgesucht aus und verleiht der Tischrunde Gemütlichkeit. Man spürt förmlich, wie man in den dicken runden
Stuhlkissen versinken kann und wie weich die Sitz-
kissen auf der Bank sind.

Alles ist hergerichtet und verspricht eine wundervolle
Zeit in lieber Gesellschaft.

HIMBEER-RICOTTA-KUCHEN

Das brauchen Sie
für ca. 4 Personen

BISKUIT:
- 5 Eier
- 125 g Zucker
- 1 TL Vanillezucker
- 100 g Mehl
- 50 g Pistazien, fein gemahlen
- limettengrüne und erdbeerfarbene Lebensmittelfarbe

FÜLLUNG:
- 2 EL Puderzucker
- 1 EL Vanillezucker
- 300 g Ricotta
- 150 ml Sahne
- 150 g Himbeeren
- 2 Backformen von 20 cm Ø

Den Backofen auf 180 °C (Ober- und Unterhitze) vorheizen. Die Eier trennen und die Eiweiße mit 2 EL Zucker steif schlagen. Eigelbe mit dem restlichen Zucker schaumig schlagen. Mehl, gemahlene Pistazien und Vanillezucker auf die Masse sieben und leicht unterheben. Den Eischnee zugeben und ebenfalls locker unterheben. Den Teig halbieren. Eine Hälfte mit limettengrüner, die andere Hälfte mit erdbeerroter Lebensmittelfarbe einfärben.

Zwei Backformen einfetten und mit Mehl bestäuben. Den jeweiligen Teig einfüllen und im Backofen etwa 30 Minuten backen. (Falls Sie nur eine Backform haben, einfach die beiden Böden nacheinander in der Backform backen.)

Für die Füllung 7–8 Himbeeren beiseitelegen. Die restlichen Himbeeren zusammen mit dem Puder- und dem Vanillezucker pürieren. Den Ricotta einrühren. Die Sahne steif schlagen und unterheben.

Den grünen Biskuitboden nach dem Abkühlen waagerecht einmal durchschneiden. Eine Hälfte mit der Himbeer-Ricotta-Creme bestreichen, den rosa Boden vorsichtig auflegen und eine weitere Cremeschicht auftragen. Dann den zweiten grünen Biskuitboden auflegen. Dabei die Seite, die in der Backform unten war, nach oben legen, sodass ein glatter Abschluss entsteht. Die restliche Creme auf dem Kuchen verteilen und 1 Stunde kalt stellen.

Den Kuchen mit den restlichen Himbeeren verzieren.

Wer mag, kann aus dunkler Kuvertüre eine Schoko-Krone fertigen und aufsetzen. Dafür die Kuvertüre über dem Wasserbad schmelzen, in einen Spritzbeutel mit kleiner Lochtülle füllen und kleine Kronen auf das Backpapier spritzen. Die Krönchen gut trocknen lassen, dann vorsichtig vom Papier nehmen und auf den Kuchen setzen.

Das brauchen Sie
für ca. 12 Stück

TEIG:
- 200 g Mehl
- 2 Eier
- 150 g Zucker
- 100 g Butter
- 1 TL Backpulver
- 150 ml Buttermilch
- 100 g weiße Schokolade
- 100 g Erdbeeren

TOPPING:
- 100 g weißer Fondant
- Puderzucker zum Bearbeiten
- rosa und weiße Zuckerperlen
- rosa und weiße Zuckerblüten
- hübsche Papierförmchen

Den Backofen auf 180 °C (Ober- und Unterhitze) vorheizen. Butter und Zucker in einer Schüssel schaumig rühren, die Eier einzeln zufügen und alles gut verquirlen. Mehl und Backpulver sieben und die Hälfte davon unter die Eier-Butter-Masse geben. Dann die Hälfte der Buttermilch zugießen und unterrühren. Nun die restliche Hälfte zugeben.

Die weiße Schokolade klein hacken und unterheben. Erdbeeren waschen und vierteln.

Die Mulden eines Muffinblechs mit den Papierförmchen auslegen und den Teig gleichmäßig einfüllen. Zum Schluss mit den Erdbeeren garnieren. Im Backofen etwa 15-20 Minuten backen.

Die Arbeitsfläche leicht mit Puderzucker bestäuben, den Fondant 2-3 mm dick ausrollen und mit einem Dessertring, einem Glas oder einer Tasse in Größe der Muffins Kreise ausstechen. Diese auf die abgekühlten Küchleins legen. Zum „Ankleben" der Zuckerperlen und Blüten ein wenig Puderzucker mit einem Teelöffel Wasser verrühren.

Die Cupcakes nach Lust und Laune garnieren.

MACARONS
mit Erdbeerfüllung

Das brauchen Sie
für ca. 25 Stück

TEIG:
- 3 Eiweiß
- 25 g Zucker
- 110 g fein gemahlene Mandeln
- 200 g Puderzucker
- 1 Prise Salz
- rote Lebensmittelfarbe

FÜLLUNG:
- 50 g weiße Schokolade
- 100 g Doppelrahmfrischkäse
- 100 g pürierte Erdbeeren

Für den Teig den Puderzucker mit den gemahlenen Mandeln mischen und zusammen in eine Schüssel sieben. Anschließend die Mischung ein zweites Mal sieben. Die Eiweiße schlagen und den Zucker und die Prise Salz langsam einrieseln lassen. Nun die Eiweiße weiter schlagen, bis sie schnittfest sind. Die Puderzucker-Mandel-Mischung langsam unterheben. Es sollte eine glänzende cremige Masse entstehen, die schwer reißend vom Löffel fällt. Zum Schluss die Lebensmittelfarbe vorsichtig einrühren. Meist reichen davon schon 1–2 Tropfen.

Ein Backblech mit Backpapier auslegen, die Seiten des Backpapiers mit etwas Butter am Blech festkleben – so kann nichts verrutschen. Noch besser ist eine Macaron-Matte: Durch die aufgezeichneten Kreise lassen sich die Macarons sehr gleichmäßig aufspritzen.

Die Masse in einen Spritzbeutel mit großer Lochtülle füllen und auf das Backpapier spritzen. Zwischen den Kreisen ausreichend Abstand lassen. Das Blech ein- bis zweimal kräftig auf die Arbeitsfläche schlagen, sodass eventuelle Luftbläschen entweichen können. Nun die Macarons mindestens 60 Minuten trocknen lassen.

Den Backofen auf 140 °C (Ober- und Unterhitze) vorheizen. Die Macarons im vorgeheizten Backofen etwa 15 Minuten backen. Die fertig gebackenen Macarons abkühlen lassen und für einen Tag in einer Dose lagern.

Danach können sie gefüllt werden. Ohne Füllung lassen sich Macarons gut im Voraus zubereiten und tiefkühlen.

Für die Füllung die weiße Schokolade über dem Wasserbad schmelzen und unter den Doppelrahmfrischkäse rühren. Die pürierten Erdbeeren zufügen und alles gut vermischen. Etwa 2 Stunden kühl stellen.

Die Füllung in einen Spritzbeutel mit Lochtülle geben und auf die flachen Seiten der Macarons jeweils einen Tupfer spritzen. Die Hälften entsprechend zusammensetzen.

Sommerzeit

Die Sonne strahlt vom blauen Himmel, die Hummeln umschwirren den Lavendel und die Rosen stehen in voller Blüte. Es ist Sommer, es ist Gartenzeit.

Zeit für Gelassenheit

Sommer heißt für uns, den Garten zu genießen und die freie Zeit draußen zu verbringen.

In den lauen Nächten am Wochenende unter freiem Himmel sitzen, dem Zirpen der Grillen lauschen und sich entspannen. Beinahe wie im Urlaub. Sich eine Auszeit vom Alltag gönnen. Mit Freunden an einem Tisch sitzen, sich an guten Gesprächen und an sommerlichen Leckereien erfreuen. Dazu vielleicht eine herrlich prickelnde Bowle schlürfen oder das Lieblingsgetränk aus dem letzten Sommerurlaub genießen. Die heitere Stimmung des letzten Sommerurlaubs möchte ich gerne bei unserem Sommerfest umsetzen. Mit einer Tischdekoration, die an Strand und Meer erinnert.

Meine Farben für dieses Fest

Sommerfarben sind für mich voller Licht. Im Sommer liebe ich leuchtendes Türkis und Rosa, aber auch die pudrigen, leicht verwaschenen, blassen Farben. Farben, die aussehen, als wären sie von der Sonne gebleicht. Farben, die mich an den Süden erinnern, an Stranddünen, in denen das Dünengras leise im Wind raschelt. Farben, die an die schönen verwitterten bunten Fensterläden der Häuser denken lassen. An die hübschen Tischdecken und Tücher, die an den quer über die Gassen gespannten Wäscheleinen hängen.

Dieser Sommertag, den wir mit lieben Freunden im Garten verbringen möchten, soll an das Meer, an den Urlaub im Süden erinnern. Dafür krame ich meine Muschelsammlung heraus. Seit ich als Kind in Spanien am Meer war, suche ich am Strand liebend gern nach Muscheln, Steinen und anderen schönen Kuriositäten. Den warmen Sand unter den Füßen spüren, die Sonnenstrahlen auf der Haut und dem Rauschen des Meeres lauschen – Strandtage machen mich einfach glücklich. Wenn ich meine Fundstücke betrachte, stellt sich unwillkürlich dieses Gefühl wieder ein. Zu den weißen und naturfarbenen Muscheln und Seesternen passen wunderbar Hellblau, Weiß und, als kleiner rosa Farbklecks, getrocknete rosa Strohblumen. Sie erinnern mich an die Blumen, die manchmal in den Stranddünen zu finden sind. Die Tischdekoration wird mit diesen Farben und Materialien sehr natürlich ausfallen. Zurückhaltend und sommerlich, aber sehr liebevoll mit vielen Details.

Zusätzlich zum großen Tisch, an dem alle bequem sitzen können, verteile ich einige Liegestühle im Garten, sodass die Gäste sich kurz einmal zurückziehen können, um die warmen Sonnenstrahlen auszukosten. Um sich zu entspannen. Kühle erfrischende Getränke und sommerlich leichte Köstlichkeiten, die sich gut vorbereiten lassen, werden gereicht. So steht einem zwanglosen lockeren Sommerfest nichts mehr im Wege.

Zeit haben.
Sich wie in den
Ferien fühlen.

Sommerfreuden

Morgens entspannt aufstehen, in Ruhe frühstücken, ein Bummel über den Wochenmarkt, um die letzten Zutaten zu besorgen, und dann ab Mittag ein wenig dekorieren und vorbereiten, bis die Gäste am Nachmittag eintreffen. Das Sommerfest kann beginnen.

Das Leben zum Fest machen. Die herrliche Sommerzeit in vollen Zügen genießen. Es muss nicht immer einen bestimmten Anlass geben, um Freunde einzuladen und ein „Fest" zu veranstalten. Wie heißt es so schön: Die Momente, die wir in lieber Gesellschaft verbringen, sind die, die uns unvergessliche Erinnerungen schenken. Darum lasst sie uns genießen.

Auch wenn das Sommerfest sehr entspannt abläuft, so möchte ich doch eine schöne Dekoration präsentieren. Sie muss nicht aufwendig sein, aber dennoch stimmungsvoll. Gerne bastle ich Tischdekorationen, die ich unseren Gästen als Erinnerung schenken kann. Das liebe ich, kleine hübsche Geschenke, die an das Fest erinnern und auch hinterher noch Freude bereiten. Den Garten ein wenig herrichten, hier und da kleine Dekorationen verteilen, das macht Spaß. Man könnte sagen, dass das Dekorieren und Basteln vor dem Fest die beste Entspannung für mich ist.

Dieses Mal habe ich mich bei der Dekoration von Sonne, Strand und Meer inspirieren lassen. Der große Tisch steht auf der Terrasse und wird, wenn es zu heiß werden sollte, vom meerblauen Sonnenschirm beschattet. Die Nachmittagssonne steht hoch am Himmel. Auf den Liegestuhl gleich neben dem Rosenrankgitter fällt noch

die Sonne. Gut mit Kissen und weicher Decke ausgepolstert, lädt er zum Verweilen ein. Das weiße alte Höckerchen, zum Beistelltisch umfunktioniert, bekommt seinen Platz gleich daneben. Hübsche hellblau eingefärbte Gläser werden zu Blumenvasen für gepflückte Feldblumen. Dazu ein wenig von der Sonne gebleichtes Treibholz. Ein Strohhut liegt bereit, falls die Sonne blenden sollte. Ein gemütliches, einladendes Plätzchen ist entstanden. Der gleiche Stuhl steht auf der anderen Seite, ebenfalls

kuschelig hergerichtet, allerdings im Schatten platziert. Kleine liebevoll verteilte Details sind überall im Garten zu entdecken. Ein alter blauer Hocker, von dem ein wenig Farbe abblättert und der aufgrund seines Alters manche Geschichten erzählen könnte, ist vor der blühenden rosa Malve positioniert. Ein charmanter blauer Farbtupfer, der an das tiefe Blau des Wassers erinnert.

Darauf stehen, mit Muscheln und Treibholz dekoriert, zwei schön geformte Glasflaschen, die nun als Vasen dienen und mit Feldblumen bestückt sind. Die Blumen wippen fröhlich im leichten Sommerwind. Auf der Terrasse im Schatten der Holzwand steht ein weißer ausziehbarer Tisch. Nach unserem Einzug stand er einige Zeit in der Küche, wurde uns dort aber irgendwann zu groß. Nun hat er seinen Platz auf der Terrasse gefunden; je nach Jahreszeit wird er unterschiedlich eingesetzt

Ein Beistelltisch im Schatten ist der ideale Ort, um die kühle Bowle zu platzieren.

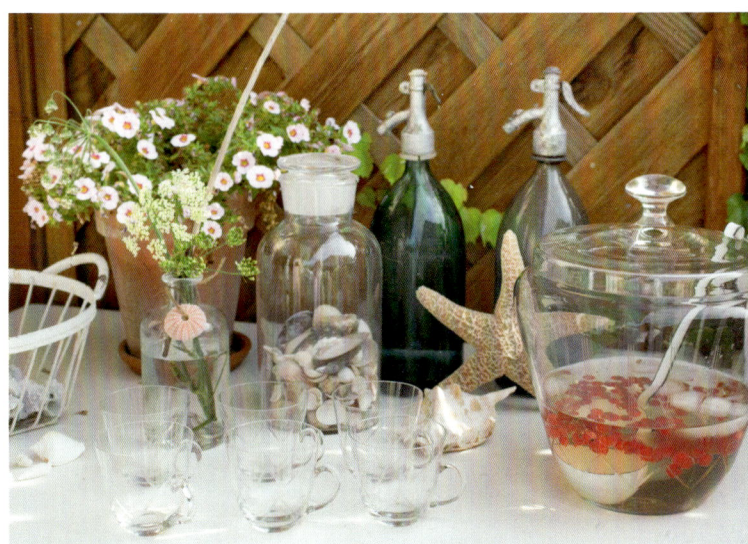

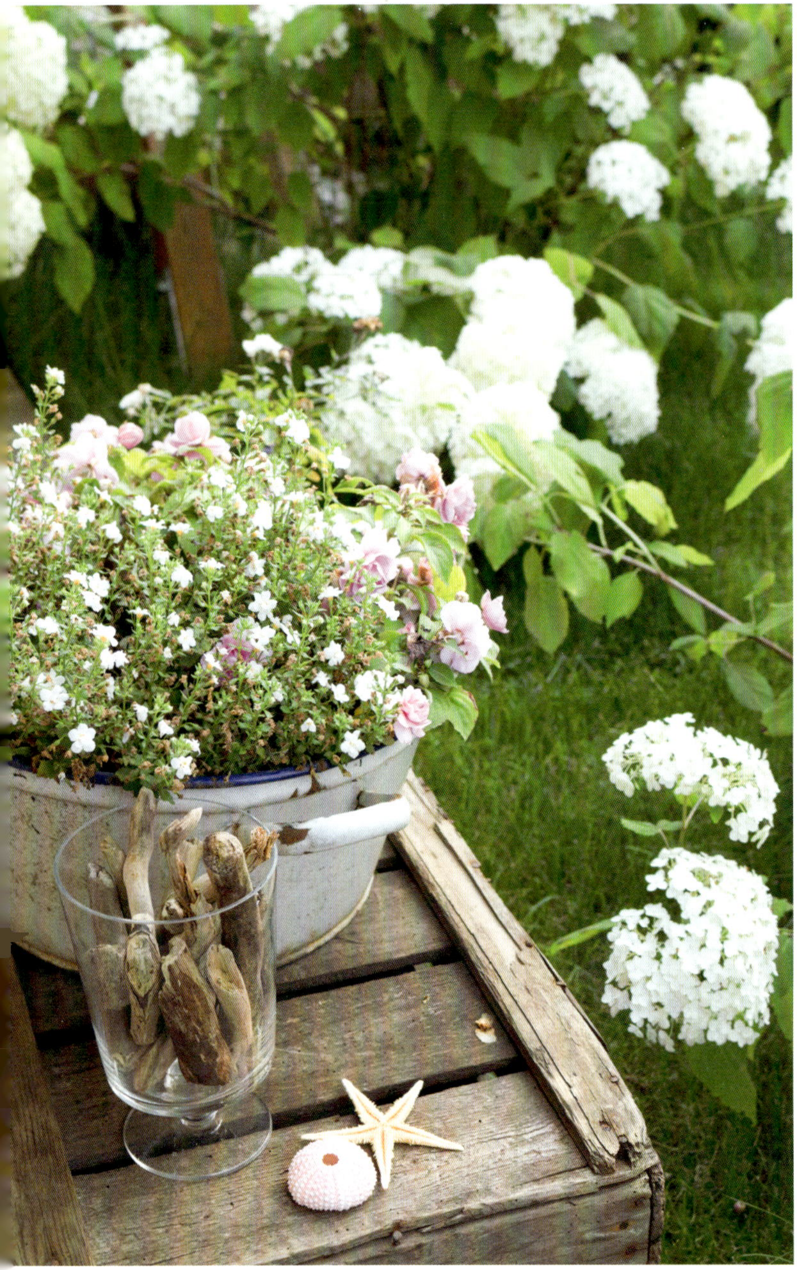

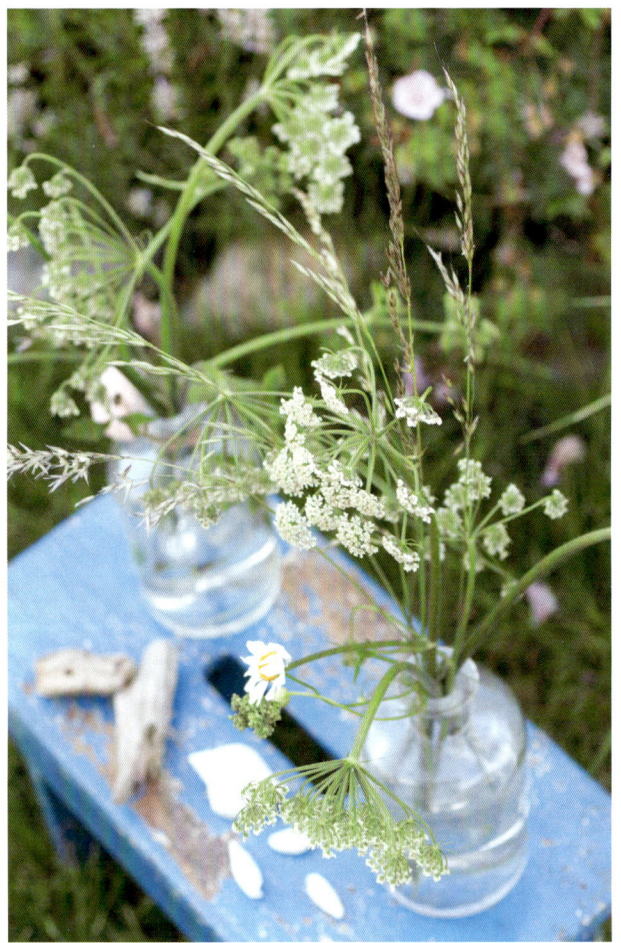

Kleine dekorative Details sind überall im Garten verteilt.

Am Feldrand gepflückte Blumen wippen anmutig im Sommerwind und geben der Dekoration etwas Leichtes und Unbeschwertes.

und entsprechend dekoriert. Heute ist er der perfekte Platz, um kühle Getränke anzubieten. Ein weißer Korb mit Muscheln steht links darauf an der Seite, eine schöne rosa Topfblume im Hintergrund, gleich daneben zwei alte Siphonflaschen in kühlem Blau. Eine Flaschenvase mit Feldblumen sowie ein großes Apothekerglas mit Muscheln bilden eine aparte Hintergrunddekoration vor den alten Gläsern und der großen Bowleschüssel. Diese Schüssel „lieh" ich mir vor ein paar Jahren bei meinen Eltern aus, bei denen sie lange Zeit unbenutzt im Schrank stand – nun wird sie jeden Sommer fleißig genutzt. Sie stammt wahrscheinlich noch aus den 1960er-Jahren. Einige große Muscheln und Seesterne haben ebenfalls Platz auf dem Tisch gefunden. Nur zwei bis drei Schritte entfernt steht die wunderbar dekorierte Sommertafel. An den Gartentisch habe ich zusätzlich einen kleinen Tisch gestellt. Um die gleiche Höhe zu bekommen, habe ich auf den kleinen Tisch ein paar passende Holzbretter gelegt, Reste meiner diversen Bastelaktionen. Man kann ebenso gut dicke Bücher nehmen. Die Tischdecke verdeckt alles, und jeder Gast sitzt bequem mit gleicher Tischhöhe und hat ausreichend Platz. Kleine Holzblöcke unter den Tischbeinen finde ich nicht wirklich gut, da man sie sieht und sie zudem leicht verrutschen.

Die hellblau-weiß gestreifte Tischdecke ist eigentlich eine Gardine, die heute für das Sommerfest zweckentfremdet wird. Eine Tischdecke in dieser Länge, die mir für das Fest gefallen hätte, besitze ich nicht. Das Streifenmuster passt wunderbar zur gewählten Dekoration. Es sieht frisch und freundlich aus. Sommerlich leicht eben.

Die weißen Teller, das schöne alte Besteck mit Horngriffen und die zarten Stoffservietten sind die ideale Ergänzung zur Tischdecke und geben dem Ganzen einen besonderen Charme. Ein großes Windlichtglas mit weißer Stumpenkerze steht mitten auf dem Tisch. Gleich daneben eine Vase mit getrockneten rosa Strohblumen, die an

MUSCHELKRANZ

Der reizende Kranz ist ein herrlicher Blickfang.

Das brauchen Sie

- 1 Styroporkranz (30 cm Ø)
- weiße Muscheln in verschiedenen Größen, ca. 1 kg
- Heißklebepistole

Die Muscheln mit der Heißklebepistole auf dem Styropor befestigen. Dafür zuerst die großen Muscheln auswählen und rund um den Kranz kleben. Dann die mittelgroßen Muscheln aufkleben; diese dicht aneinandersetzen und auch die Innenseite nicht vergessen. Zum Schluss die kleinen Muscheln dazwischenkleben, bis vom Styropor nichts mehr zu sehen ist. Fertig ist ein neues Lieblingsstück!

Dünenblumen erinnern. Zwei hohe alte Gläser sind mit Treibhölzern, Muscheln und kleinen Seesternen dekoriert und stehen links und rechts auf dem Tisch. Verschiedene Seesterne und Muscheln liegen verstreut auf der Tischdecke zwischen Gläsern und Tellern. Ein besonderer Blickfang sind kleine Treibholz-Boote mit Papiersegeln auf den Tellern und dem Tisch. Kleine, mit Namen beschriftete Fähnchen kleben an den Segeln und weisen jedem Gast seinen Sitzplatz. Ich liebe es, diese kleinen hübschen Details für die Gäste zu verteilen.

Die pudrigen Farben der Tafel werden durch das satte Grün der Sträucher und das leuchtende Weiß der Hortensien im Hintergrund hervorgehoben. Die leicht geschwungenen Gartenstühle bekommen dicke blau-weiß gestreifte und weiße Kissen. Der warme Holzton hebt sich durch den Farbkontrast noch deutlicher ab. Die fertigen sommerlichen Leckereien stehen in der Küche bereit und werden nach dem Begrüßungsgetränk auf dem Tisch platziert.

TISCHCLIPS AUS TREIBHOLZ

Das brauchen Sie

- 12 kleine Treibholzstücke
- Juteband
- 4 Clips
- Holzbohrer
- 1 große Stopfnadel

In die Mitte der Treibhölzer vorsichtig ein Loch bohren; groß genug, um das Juteband durchzufädeln. Das Band auf die gewünschte Länge zuschneiden. (Ich habe eine Länge von 25 cm pro Anhänger genommen.) Das Band durch die Stopfnadelöse fädeln und die Nadel durch die Treibhölzer führen. Unten über den Hölzern von beiden Seiten einen Knoten knüpfen, so verrutschen die Hölzer nicht. Das Band an den Clips befestigen – fertig sind die Tischdecken-Clips.

In einer lauschigen Ecke steht der Liegestuhl, der hübsch dekoriert zum Verweilen einlädt.

Den Sommertag mit Freunden genießen.

Mein Krönchen

Hübsche kleine Boote lassen einen vom Sommer am Meer träumen und verschönern die Tischdekoration.

Mit kleinen beschrifteten Fähnchen werden sie zu zauberhaften Namensschildern. Diese Treibholzboote sind mein absolutes Highlight beim Sommerfest. Kleine Besonderheiten machen eine einfache sommerliche Dekoration wirklich einzigartig.

An einem heißen Sommertag ist eine erfrischende eisgekühlte Bowle mit leckeren Beeren genau das Richtige. In den letzten Jahren haben wir die Bowle wieder für uns entdeckt. Im Sommer, vor allem an warmen Tagen, ist sie einfach köstlich als Aperitif.

ZUCCHINI-TARTE

für ca. 6 Personen

- 1 Packung gekühlter Blätterteig (ca. 450 g)
- 1 Bund Frühlingszwiebeln
- 1 großer Zucchino
- 200 g Schmand
- 2 Eier
- 1 Knoblauchzehe
- 40 g Gorgonzola, zerkrümelt
- 150 g Hartkäse, frisch gerieben
- 1 Chilischote
- Salz
- frisch gemahlener schwarzer Pfeffer

Die schmackhafte Zucchini-Tarte, lauwarm serviert, passt perfekt zum Sommertag.

Eine Tarteform von 30 cm Ø mit Backpapier auslegen. Den Backofen auf 200 °C (Ober- und Unterhitze) vorheizen.

Den Blätterteig auf die entsprechende Größe ausrollen und die Form damit auslegen. Mit der Gabel mehrmals einstechen. Der Teig wird besonders knusprig, wenn er etwa 10-15 Minuten vorgebacken wird. Dazu den Teig mit Backpapier abdecken und die getrockneten Hülsenfrüchte darüber verteilen.

Inzwischen den Zucchino waschen und in feine Stifte schneiden. Die Frühlingszwiebeln putzen und in dünne Ringe schneiden. Den Knoblauch schälen und durchpressen. Die Chilischote entkernen und fein hacken.

Die Tarte aus dem Ofen nehmen, Papier und Hülsenfrüchte entfernen und die Frühlingszwiebeln auf dem Teig verteilen. Die Zucchinostifte darüber verteilen. Den durchgepressten Knoblauch und die Chiliringe mit

Schmand und Eiern verrühren. Mit Salz und Pfeffer würzen und die Masse über die Tarte gießen. Mit zerkrümeltem Gorgonzola und geriebenem Käse bestreuen und etwa 40-45 Minuten backen. Damit die Tarte nicht zu dunkel wird, eventuell in den letzten 10 Minuten mit Alufolie abdecken.

Leicht und locker schmeckt diese köstliche Tarte.

KRÄUTER-FLADENBROT

Das brauchen Sie
für ca. 6 Personen

- 250 g Weizenmehl
- 250 g Dinkelmehl
- 20 g frische Hefe
- 300 ml Wasser
- 3 EL Olivenöl
- 1 TL feines Meersalz
- 1–2 TL grobkörniges Meersalz
- 3 Rosmarinzweige
- 3 Thymianzweige

Den Backofen auf 200 °C (Ober- und Unterhitze) vorheizen.

Die Mehle in eine Schüssel sieben und in die Mitte des Mehls eine Mulde drücken. Die Hefe in 300 ml lauwarmem Wasser auflösen, 2 EL Olivenöl und Salz zugeben und das Hefewasser zum Mehl in die Mulde gießen. Nun das Mehl einarbeiten und alles zu einem lockeren Teig verkneten. Den Teig etwa 1 Stunde ruhen lassen. Anschließend nochmals durchkneten. Ein Backblech mit Backpapier auslegen und den Teig darauf zum Kreis ausrollen.

Das restliche Olivenöl auf dem Teig verteilen. Die Kräuter klein hacken und zusammen mit dem grobkörnigen Meersalz darüberstreuen.

Im vorgeheizten Backofen etwa 30 Minuten backen.

Köstlich zum Joghurt-Dip oder zu sommerlichen Salaten.

Ein Nachmittag mit Freundinnen

Ob zu zweit, zu dritt oder mit mehreren: Ein Nachmittag mit Freundinnen ist immer voller Lachen und Plaudereien. Die gemütliche kleine Sitzecke lädt zum Verweilen ein. Und die Stunden verfliegen im Nu.

Skandinavisch hell und luftig

Wir Mädels versuchen, uns regelmäßig zu treffen. Nicht immer klappt das. Manchmal sind wir nur zu zweit oder zu dritt, aber ich lasse mir immer gern etwas Nettes einfallen. Etwas, mit dem ich meine Freundinnen verwöhnen kann. Je nach Jahreszeit verbringen wir den Mädelsnachmittag draußen oder drinnen. Dieses Mal möchte ich ein helles und luftiges Ambiente schaffen und einen Hauch von Skandinavien einfangen. Mir schwebt ein ungezwungenes, gemütliches Beisammensein in meinem Kreativzimmer vor.

Meine Farben für dieses Fest

Wenn ich an den typisch skandinavischen Stil denke, sehe ich hell eingerichtete Räume vor mir, deren weiße Einrichtung viel Licht einfängt. Diese wirkt aber dennoch behaglich und einladend. Neben dem modernen skandinavischen Stil gibt es auch das gemütliche, etwas nostalgische Ambiente mit einem Hauch von Romantik. Dieses spricht mich besonders an. Und so wähle ich dieses Mal keine bestimmten Farben aus, sondern lasse den weißen Möbeln und nostalgischen Bildern den Vortritt. Die kleinen Törtchen, die ich gern für den Nachmittag backen möchte, bringen die nötige Farbe ins Bild. Kleine Leckereien, die man gut aus der Hand essen kann. Die Törtchen werden mit verschiedenen köstlichen Beeren belegt.

Gerne würde ich den Nachmittag mit meinen Freundinnen in einer Art Gartenzimmer, so wie ich sie in Häusern im hohen Norden gesehen habe, verbringen. In einem Raum, der durch große Fenster das Gefühl von „draußen sein" vermittelt. Ein hübsches Gartenhaus wäre ebenfalls toll. Nicht immer ist das Wetter beständig genug, um die Zeit im Garten zu verbringen. Wenn sich das Wetter nicht zwischen Sonnenschein, Wind und Regen entscheiden kann, ist so ein Gartenzimmer eine wundervolle Alternative. Aber leider besitze ich weder Freiluftzimmer noch Gartenhaus. Mein Zimmer, in dem ich nähe, bastle und noch vieles mehr mache und in dem ein altes Kinderbett steht, das ich zum Sofa umfunktioniert habe, ist aber auch ein schöner Ort für den Nachmittag unter Freundinnen.

Um dem Raum in ein Gartenzimmer zu verwandeln, mache ich mich ans Möbelrücken. Das alte Kinderbett bekommt seinen Platz gleich neben dem großen, bodentiefen Fenster und der Schreibtisch wandert in die gegenüberliegende Ecke. Als Tisch nutze ich meine alte Truhe, die ich vor drei Jahren auf einem Flohmarkt entdeckte. Damals war sie völlig unansehnlich und fiel schon ein wenig auseinander. Aber mit etwas weißer Farbe, ein paar Schrauben und einem neuen Deckel – der alte war leider nicht mehr zu retten – schaut sie nun wieder aus wie ein kleines Schmuckstück. Und ist einfach perfekt als Couchtisch. Als zusätzliche Ablagemöglichkeit stelle ich den kleinen Tisch mit den gedrechselten Beinen aus dem Wohnzimmer in mein Zimmer. So entsteht eine gemütliche Sitzecke, hell und luftig, genau wie ich sie mir vorstelle.

Mit nur wenigen Handgriffen wird das Bastelzimmer zum schmucken Gartenzimmer.

Garten-Freundinnen

Einen besonderen Anlass zum Feiern oder für ein paar schöne Stunden gibt es nicht immer. Doch manchmal muss man einfach das Leben zum Fest machen. Den Alltag ein wenig zelebrieren. Und den Nachmittag mit Freundinnen besonders genießen.

Ein charmantes Ensemble hat auf dem kleinen Höckerchen zueinandergefunden.

Auch wenn es sich banal anhört: Es ist so wichtig, sich Zeit für Freundinnen zu nehmen, denn sie sind wirklich immer für einen da. Sie hören zu, wenn es einem schlecht geht, lachen Tränen mit einem über die unmöglichsten Dinge und verstehen selbst die verrücktesten Deko-Ideen. Bei unseren Nachmittagen geht es immer sehr ungezwungen zu, nach und nach trudeln wir alle ein. Nicht immer hat jede Zeit. Den heutigen Nachmittag verbringen wir zu zweit. Und ich habe es uns in meinem Kreativzimmer gemütlich gemacht.

Das Sofa, eigentlich ein altes Kinderbett, bekam ich vor anderthalb Jahren von einer lieben Bekannten. Es war ihr Kinderbett, das lange Jahre ungenutzt auf dem Dachboden gestanden hatte. Als sie von meiner Leidenschaft für alte Möbel erfuhr, fragte sie mich, ob ich es haben wollte. Seitdem steht es bei mir im Zimmer und ist

mein allerliebster Entspannungsplatz. Für mich ist es, vor allem wegen seiner Geschichte, ein ganz besonderer Schatz, über den ich mich jeden Tag aufs Neue von Herzen freue. Ich habe das Bett ein wenig aufgearbeitet, nicht zu viel, denn die schönen Gebrauchsspuren sollten erhalten bleiben. Das schöne Stück ist das Herzstück meiner Sitzecke. Die Matratze hat für den Mädelsnachmittag einen rosa-weiß karierten Stoffüberzug bekommen. Viele Kissen in unterschiedlichen Größen liegen auf dem kleinen Tagesbett-Sofa – weiße, mit Spitzen besetzte Kissenbezüge, ein geblümtes Kissen mit hübschem Rosenmuster und ein reizendes rundes Kissen mit zartgrünem

Die Miniflaschen werden mit anmutigen Blüten aus dem Garten geschmückt.

Eine gemütliche Sitzecke mit kleinen Köstlichkeiten lädt zum Verweilen ein.

Leinenbezug. Die schönen nostalgischen Blumenmotive aus alten Lehrbüchern greifen das zarte Rosa des Überzuges wieder auf. Die Bilder in den weißen, im Shabby-Stil gestalteten Rahmen verwandeln die Szenerie in ein heimeliges Gartenzimmer. Die alte Hakenleiste hat noch ihren original grünen Farbanstrich und ergänzt die Bilder perfekt. Eine kleine alte Uhr hängt an einem der Haken, zusammen mit einem Gartenhut aus geflochtenem Stroh. Gleich neben dem Sofa steht ein schmaler weißer Tisch mit fein gedrechselten Beinen. Normalerweise steht er im Wohnzimmer am großen Fenster zum Garten. Heute ist er mein zusätzlicher Ablagetisch. Auf ihm

liegen die zauberhaften handbemalten Porzellanteller. Das Blumenmuster des Porzellans ist sehr filigran.

Dazu passen die ebenfalls mit einem filigranen Muster verzierten Kuchengabeln und die erlesenen weißen Stoffservietten mit Häkelspitze. Der große alte Steintopf mit den schönen Blüten der Annabelle bildet dazu einen herrlichen Kontrast. Die großen Blütenköpfe habe ich kurz zuvor im Garten geschnitten, als nach dem Regenschauer die Sonne wieder schien. Die Blüten diese Hortensie liebe ich sehr. Sie halten sich sehr lange in der Vase und schauen allerliebst aus mit ihren unzähligen kleinen

Eine kleine Girlande aus Miniflaschen verziert das Sideboard, auf dem die kühlen leckeren Getränke stehen.

Auch wenn der Himbeersirup nicht selbst gemacht ist, so fülle ich ihn in meine schönen Glasflaschen um. Das sieht einfach hübscher aus.

Die zauberhaften Blumen-Lehrblätter fügen sich mit dem Gartenhut zu einem luftig leichten Bild zusammen. Die Bilder sind nur mit einer Stecknadel im offenen Rahmen befestigt und können je nach Anlass rasch ausgetauscht werden.

zarten Blüten, die einen großen Blütenball formen. Man kann ihre Blüten sehr gut trocknen und beispielsweise mit Silberfarbe für die spätere Weihnachtsdekoration besprühen. Eine Vase mit vier bis fünf silbernen Blütenbällen sieht absolut nobel aus. Die schöne rechteckige Truhe, die eigentlich meine Wohnzeitschriftensammlung beherbergt, fungiert heute als Couchtisch. Um das lockere Ambiente eines Gartenzimmers zu schaffen, wollte ich keinen Esstisch nutzen. Die Truhe steht auf Rollen und lässt sich leicht verschieben. Zwei weiße Stoffservietten mit einem Rand aus Häkelspitze nutze ich als Deckchen. So sind die herrlichen Gebrauchsspuren der Truhe, die ihren Charme ausmachen, noch gut sichtbar. Eine Tischlampe mit zartgrünem Fuß steht zusammen mit einer kleinen geriffelten Glasvase auf einem weißen Hocker neben dem Sofa. Passend zu den Hortensien im Steintopf und den Rosenmotiven der Bilder stehen in der Vase eine rosa Rose und eine Annabelle-Blüte. Der gemütliche Rattansessel passt perfekt in die Sitzecke. Das runde Kissen

auf dem Sessel hat den gleichen Bezug aus Leinen bekommen wie sein Pendant auf dem Sofa, allerdings in Rosa. So entsteht ein einheitliches Bild in sanften Farben.

Meinen Vitrinenschrank, aus einem alten Sprossenfenster gebaut, nutze ich heute einmal als Vorratsschrank. In ihm stehen die gebackenen Törtchen, bis der Besuch eintrifft. So sind die Leckereien nicht gleich zu sehen und der Überraschungsmoment bleibt erhalten. Das weiße Sideboard, gleich neben der Tür, wird praktischerweise als Getränkebar genutzt. Geschmückt mit kleinen Hängevasen und einer schönen Geranie. Die hohen Stielgläser stehen bereit. Zwei verschiedene Sirupe – Himbeere und Holunder – warten nur darauf, geöffnet zu werden. Das kühle Sprudelwasser wird zusammen mit den süßlichen Sirupen zum wunderbar erfrischenden Getränk. Mit Prosecco schmecken die Sirupe ebenfalls sehr gut; mit frischer Minze werden Holundersirup und Prosecco zum köstlichen Trendgetränk Hugo. Die selbst gemach-

FENSTERSCHRANK

Vor drei Jahren, kurz vor dem Umzug in unser kleines Haus, entdeckte ich dieses alte Fenster. Zuerst wollte ich es für die Vorratskammer nutzen, aber dann entschloss ich mich, damit einen kleinen Schrank zu bauen. Die Schrankgröße habe ich der Fenstergröße angepasst.

Das brauchen Sie

- 1 altes Sprossenfenster, doppeltürig mit Griff (hier 118 × 86 cm)
- 2 Holzbretter 118 × 30 cm (Seitenteile)
- 2 Holzbretter 92 × 30 cm (Ober- und Unterteil)
- 2 Holzbretter 86 × 26 cm (Regalbretter für innen)
- 1 dünne Sperrholzplatte 118 × 92 cm (Rückwand)
- 4 Leisten 26 × 4 × 1,5 cm
- 4 Scharniere (hier 7 cm lang)
- 4 Möbelfüße aus Holz
- 20 Schrauben
- 12 kurze Schrauben für die Scharnierbefestigung
- 20 kleine Nägel für die Rückwandbefestigung
- Hammer, Akkuschrauber, Holzbohrer
- Tapetenreste, Kleister, Tapetenrolle, Tapetenmesser oder Cutter
- weiße Acrylfarbe, Pinsel

Die Möbelfüße unter das Bodenbrett schrauben. Die Bretter für die Seitenteile auf den Boden setzen und festschrauben. Das obere Brett auf die Seitenbretter setzen und ebenfalls festschrauben. Tipp: Am besten alle Löcher durch die Bretter mit einem kleinen Holzbohrer vorbohren, damit das Holz sich nicht spaltet.

Nun die gewünschte Regalhöhe ausmessen und entsprechend die Leisten anbringen. Dabei die Leisten von innen festschrauben. So sind weniger Schraublöcher von außen sichtbar.

Den Schrankkorpus streichen. Ich habe dafür matte weiße Acrylfarbe verwendet. Gut trocknen lassen. Die Rückwand und die Regalbretter mit Kleister bestreichen und die vorher ausgemessenen Tapetenstücke aufkleben. Die Rückwand an den getrockneten Schrankkorpus nageln. Das geht am besten, wenn der Schrank auf dem Boden liegt. Den Schrank umdrehen. Nun sollte die Rückseite auf dem Boden liegen.

Die Regalbretter einlegen und die Scharniere befestigen. Zum Schluss das Fenster auflegen. Vor dem Befestigen prüfen, ob es sich öffnen und schließen lässt. Sonst noch ein wenig ausrichten. Das Fenster an den Scharnieren befestigen und den Schrank wieder aufstellen. Jetzt können Sie den Anblick des neuen Fensterschrankes genießen!

Hübscher Krimskrams und appetitliche süße Häppchen warten auf meine lieben Gäste.

Die Blütensamen werden zu einem kleinen Gastgeschenk – ideal für die nächste Gartensaison.

ten Etiketten schmücken die Glasflaschen. Auch wenn an der Farbe direkt zu sehen ist, um welchen Sirup es sich handelt, finde ich ein wenig Verzierung immer schön. Das verleiht dem Ganzen etwas Charmantes. In dem kleinen Weidenkorb, der gleich danebensteht, liegen grüne, mit Streublümchen verzierte Papiertüten. Darin sind Pergamintütchen mit verschiedenen Blütensamen. Denn mein heutiger Besuch ist eine Gartenliebhaberin. Und wir werden bestimmt ausgiebig über die Gartenbepflanzung für die nächste Sommersaison plaudern. Mit den Blütensamen kann ich ihr bestimmt eine kleine Freude bereiten. Wir tauschen uns gern über Blumen und Pflanzen aus und ich habe viel von ihr gelernt.

Da ich mich für den Nachmittag nicht wirklich entscheiden konnte, welche Törtchen ich anbieten möchte, habe ich gleich drei verschiedene Sorten gebacken. Zusammen mit den frischen Erdbeeren, Johannisbeeren und Himbeeren, die ich in weißen Schalen präsentiere, entsteht ein buntes Potpourri an Leckereien. Übrig gebliebene Törtchen packe ich später hübsch ein und gebe einen Teil meiner Freundin für ihre Familie mit. Über den Rest wird sich meine Familie ganz sicher freuen. So kommt jeder in den Geschmacksgenuss des Sommers.

Mein Krönchen

Vor anderthalb Jahren habe ich dieses zauberhafte Porzellan entdeckt. Es ist von einer Porzellanmalerin handbemalt. Gerade dadurch wird es sehr besonders und einzigartig.

Zarte kleine rosa Röschen und hellblaue Punkte auf weißem Grund geben dem Porzellan eine nostalgische Note. Besondere Stücke für eine besondere Gelegenheit.

KLEINE ETIKETTEN

Das brauchen Sie

- Etikettenstanzer
- 1 Bogen festes weißes Papier
- Stempel (hier verschiedene Früchte)
- schwarze Stempelfarbe
- Aquarellfarben und Pinsel

Mit dem Stanzer möglichst viele Etiketten aus dem Papier ausstechen. Ein Motiv mit dem gewünschten Stempel aufstempeln. Kurz antrocknen lassen. Dann mit den Aquarellfarben vorsichtig ausmalen. Dabei nicht zu viel Wasser verwenden, damit die Farben nicht verlaufen.

BROMBEER-TARTELETTES

Das brauchen Sie

für ca. 6 Stück

- 125 g Mehl
- 80 g kalte Butter
- 40 g Zucker
- 1 Ei (Größe S)
- 1 Prise Salz
- 125 g Brombeeren
- 1 EL Wasser
- 2 EL Zucker
- 125 g Mascarpone
- 1 EL Zitronensaft
- 1 TL Vanillezucker
- 1 TL Butter für die Förmchen
- 6 Tartelette-Förmchen von 8 cm Ø

Das Mehl auf die Arbeitsfläche sieben und in die Mehlmitte eine Mulde drücken. Die Butter würfeln und mit Zucker, Salz und dem Ei in die Mulde geben. Alles mit den Fingern oder einer Gabel vermischen und dabei immer mehr Mehl vom Rand einarbeiten, bis eine glatte Masse entstanden ist. Diese mit einem Messer zu feinen Krümeln hacken. Die Krümel mit beiden Händen rasch zu einem glatten Teig verkneten. Knetet man zu lange, wird die Butter weich und der Teig bröselig. Den Teig zur Kugel formen und etwa 1 Stunde kalt stellen.

Den Backofen auf 180 °C (Ober- und Unterhitze) vorheizen. Den Teig ausrollen und in die gefetteten Förmchen legen. Die Tartelettes ca. 20 Minuten backen.

Mascarpone mit Zitronensaft und Vanillezucker cremig rühren. Brombeeren waschen, einige Beeren als Garnitur beiseitelegen. Die restlichen Brombeeren mit Wasser und Zucker in einem Topf aufkochen und etwa 5 Minuten köcheln lassen. Dabei immer wieder umrühren.

Die Mascarpone-Creme auf die abgekühlten Tartelettes geben. Die eingekochten Brombeeren mit einem Löffel darüber verteilen und jedes Törtchen mit einer frischen Brombeere garnieren.

KIRSCHMUFFINS

mit Sahnehäubchen

Das brauchen Sie

für ca. 6 Stück

- 240 g Mehl
- 1 TL Backpulver
- 90 g Zucker
- 1 Prise Salz
- 60 ml Pflanzenöl
- 50 ml Milch
- 50 g Butter
- 1 Ei
- 300 g Kirschen, entsteint
- 50 g Mandelblättchen
- 150 g Sahne
- 1 EL Puderzucker
- 1 EL Amaretto (nach Belieben)
- 6 Kuchen-Förmchen (hier 5 × 5 × 5 cm)

Den Backofen auf 180 °C (Ober- und Unterhitze) vorheizen.

Mehl, Zucker, Salz und Backpulver in einer Schüssel vermengen. Das Ei in einer kleinen Schüssel aufschlagen, Milch und Öl zufügen und kurz vermischen. Eine Mulde in die Mitte der Mehlmischung drücken, die Eimischung hineingießen und unterrühren. Die Butter in den Teig kneten. Kirschen waschen. Nun 6 Kirschen als Garnitur beiseitelegen und die restlichen Kirschen mit dem Teigspatel vorsichtig unterheben. Den Teig in Förmchen füllen und im Backofen etwa 20 Minuten backen. Die Garprobe machen.

Die Sahne leicht schlagen, Puderzucker nach und nach einrieseln lassen, anschließend die Sahne steif schlagen. Zum Schluss eventuell den Amaretto einrühren.

Die Mandelblättchen kurz in einer Pfanne rösten. Nach dem Abkühlen die Sahne auf die Muffins geben. Mit gerösteten Mandelblättchen bestreuen und jeweils eine Kirsche aufsetzen.

Schön angerichtet erwecken die gebackenen Törtchen den Anschein, als würden sie direkt aus einer Patisserie kommen.

Das brauchen Sie
für ca. 12 Stück

- 240 g Mehl
- 2 TL Backpulver
- 1 Prise Salz
- 1 Vanilleschote
- 150 g Butter
- 120 g Zucker
- 3 Eier
- 300 g Himbeeren
- 1 TL Butter für die Form
- 175 g Doppelrahmfrischkäse
- 50 g weiße Schokolade
- frische Minzeblätter zum Garnieren

Den Backofen auf 180 °C (Ober- und Unterhitze) vorheizen.

Mehl, Salz und Backpulver vermengen. Die Vanilleschote längs aufschneiden und das Mark herauskratzen. Butter mit Vanillemark und Zucker schaumig schlagen. Eier zufügen und alle Zutaten cremig schlagen. Die Mehlmischung untermengen. Himbeeren waschen und 12 Beeren beiseitelegen. Restliche Himbeeren unter den Teig heben.

Ein Muffinblech einfetten und den Teig einfüllen. Im Backofen etwa 20–25 Minuten backen.

Die weiße Schokolade über dem Wasserbad schmelzen. Mit dem Frischkäse verrühren. Die Masse in einen Spritzbeutel mit Sterntülle füllen und auf die abgekühlten Muffins spritzen.

Jedes Küchlein mit einer Himbeere und einem Minzeblättchen garnieren.

Spätsommer-zeit

Eine Leinendecke flattert leicht im Wind, die Sonne wirft lange Schatten in den Garten. Es ist herrlich warm und ein schön gedeckter Tisch wartet auf seine Gäste…

Spontan – geplant

Die Dekoration für das Fest ist schlicht, aber wirkungsvoll.

Auch der herrlichste Sommer neigt sich irgendwann seinem Ende zu. Umso mehr genießen wir die letzten sonnigen Tage im Garten. Spontan ein paar Freunde einladen und von einem Tag auf den anderen ein Fest planen – was für eine wunderbare Idee! Dafür habe ich meine schnellsten Bastelideen umgesetzt und köstliche, einfache Rezepte herausgekramt. Manchmal braucht es nicht mehr. Kleine Hingucker, die im Handumdrehen dekoriert sind, verschönern Tisch und Stühle. Selbst gemachte Laternentüten weisen den Gästen den Weg. Wenn die Dämmerung hereinbricht, geben die im Garten verteilten Laternen und Kerzen ihr wunderbares, leicht schummeriges Licht ab, was eine gemütliche Stimmung verbreitet.

Meine Farben für dieses Fest

Die Idee, den Spätsommertag im Garten zu genießen, kam uns erst am Vortag. Daher bleibt nicht viel Zeit, sich allzu viele Gedanken zu machen, wie die Dekoration aussehen könnte. Aber dennoch möchte ich den Tisch schön eindecken, und auch das Drumherum soll passen. Im Garten blühen Rosen, Kosmeen, Fetthenne und noch einiges mehr. Für die Tischdekoration werde ich mir im Garten ein paar Blumen schneiden. Passend dazu wähle ich auch die restliche Dekoration aus.

Da es an den Spätsommertagen bei uns im Garten leicht windig werden kann, suche ich mir meine dickste Leinentischdecke heraus. Sie liegt schwer auf dem Tisch – ich mag ihre Struktur sehr gern. Natürlich könnte ich auch kleine Clips zum Beschweren an die Decke hängen. Aber durch den dicken Leinenstoff geht es auch so. Als Farbtupfer zu den Blumen nehme ich meine Blümchenteller aus dem Schrank. Große Blumen in Pink mit Gelb und Türkis zieren die Teller. Es waren meine ersten gemusterten Teller und ich erfreue mich immer noch sehr an ihnen. Sie gehören im Sommer zu meinen absoluten Lieblingsstücken, denn ihr Anblick verbreitet einfach gute Laune. Zu den hübschen bunten Farben suche ich weiße Servietten aus. So bleibt der Gesamteindruck sehr stimmig. Eine schöne Atmosphäre im Garten zu kreieren, fällt mir leicht, da schon die blühenden Blumen ein toller Anblick sind. Dazu kommen für den späteren Abend unzählige Kerzen und Laternen. Den Tisch möchte ich gerne mitten auf die Wiese setzen. Wie in einem hübschen kleinen Gartencafé soll es aussehen. Es erinnert mich an das reizende Gartencafé an der Nordsee, das ich immer besuche, wenn wir ein paar Tage dort verbringen. Im Garten des Cafés stehen weiß lackierte Holzmöbel. Ein altes Bett wurde zu einem hübschen Sitzplatz, inklusive Tisch, umgebaut. Überall sind Blumen und kleine Kuriositäten zu sehen, viele schöne alte Stücke sind im Garten auf Tischen dekoriert. Und eine alte Badewanne avancierte zum Blumenbeet. Ich liebe es, dort den Nachmittag zu verbringen. Und nehme meine Erinnerungen als Inspiration mit für unser spontanes kleines Fest im Garten.

Im Sommer liebe ich leuchtende Farben wie Türkis oder Pink.
Sie passen so wunderbar zu meiner Lieblingsfarbe Weiß und versprühen pure Sommerlaune.

Sommerduft

Wenn die Sonne lange Schatten wirft, dann ist Spätsommer. Nicht mehr lange und der Herbst zieht ein. Wir machen es uns drinnen kuschelig und gemütlich und genießen bei leckerem Tee das warme Ofenfeuer. Vielleicht gibt es einen goldenen Herbst mit warmen Tagen, vielleicht nur einen regnerischen? Daher verbringen wir jetzt noch so viel Zeit wie möglich im Garten – und zwar liebend gern in netter Gesellschaft.

Das kleine Schild empfängt unsere Gäste am Garteneingang.

Wir spüren die Wärme der Sonnenstrahlen im Gesicht, genießen den Duft der Rosen und des Lavendels, der in der Luft hängt, und freuen uns auf vergnügliche Stunden mit viel Lachen, Reden und Spaß. Feiern wir den Sommer noch einmal! So richtig! Mit einem liebevoll gedeckten Tisch, Leckereien, die nach Sommer, Sonne und mehr schmecken. Und uns vergessen lassen, dass die letzten heißen Sonnentage nun gezählt sind.

Natürlich gibt es im Sommer auch Tage, an denen wir einfach den Grill anwerfen, Getränke kalt stellen und es uns auf der Liege bequem machen. Und dann gibt es

Tage, an denen wir Lust haben zu feiern. Ohne besonderen Grund, einfach, weil das Wetter schön ist. Freunde einladen und sie mit feinen Leckereien überraschen.

Spontan überlegt und innerhalb von einem Tag geplant. So sind Sommerfeste oft bei uns. Aber dennoch möchte ich den Garten hübsch dekorieren. Schon am Eingangstor hängt ein kleines Schild, das unsere Besucher empfängt.

Meine zahlreichen Blumentöpfe, die sonst auf der Terrasse ihren Platz haben, sind nun überall im Garten zu

Leicht und sommerlich schaut die Tischdeko-ration aus. Der Tisch ist schlicht, aber doch schön eingedeckt mit kleinen liebe-vollen Details.

finden. Zwei, drei Töpfe stehen neben dem Tor, ein paar neben den Tischen. Der Blumenduft, der in der Luft hängt, ist für mich der Duft des Sommers.

Tritt man in den Garten, fällt der Blick gleich auf den kleinen runden Gartentisch aus Metall; seine geschwungenen Beine sind unter der im leichten Wind flatternden Tischdecke noch zu erahnen. Ein kleiner Aperitif empfängt unsere Gäste. Selbst gemachte und eisgekühlte Zitronenlimonade steht bereit. Frische Kräuterbutter, ein köstlicher Dip, dazu Brot und Knabberstangen warten darauf, gekostet zu werden. Ein kleines Gastgeschenk

steht gleich daneben. Ich liebe es, kleine Grüße aus der Küche zu verteilen. Dieses Mal habe ich Himbeeressig zubereitet, den ich auch für unseren Salat verwendet habe. So erinnert er hoffentlich noch lange an unser Spätsommerfest.

Hinter dem runden Tisch stehen selbst gemachte Papierlaternen, die den Weg in den Garten weisen. Am Abend zünde ich sie an. Kleine Lichtpunkte in der Dunkelheit, die den Weg zum hinteren Gartenbereich weisen. Es sieht so stimmungsvoll aus und verleiht dem Sommerabend ein besonderes Flair.

*Hübsche
Strohhalme
mit Namens-
schildern kön-
nen später zum
Trinken genutzt
werden und
kennzeichnen
die Gläser.*

*Kleine alte Apothekergläser,
die als Vasen genutzt werden,
verschönern die weißen
Metallstühle.*

*Die schönen bunten
Blumensträuße in den alten
Weckgläsern bringen Farbe
auf den Tisch und passen
wunderbar zu den Tellern
mit dem Blumenmuster.*

Hinter dem Rosenbogen, mitten auf der Wiese zwischen den Blumenbeeten, ist der alte Holztisch platziert, den wir im Sommer gern im Garten nutzen. An ihm stehen zwei weiße Holzbänke, die mit weichen Kissen und Decken belegt sind. Das herrlich leuchtende Türkis der Kissen und Decken hebt sich wunderschön von der weißen Leinendecke ab, die auf dem Holztisch liegt. Die großen pinkfarbenen Rosenblüten auf Kissen und Decke passen wunderbar zu den Topfrosen direkt daneben.

Zwei schön geschwungene weiße Metallstühle vervollständigen die Sitzplätze um den Tisch. Auch sie sind mit einladenden weichen Kissen bestückt. Oben am Stuhlrand hängt eine kleine Vase mit Rose und Kosmeenblüte. Ein kleines liebevolles Detail, das den Stuhl ziert. Der Tisch ist mit meinen charmanten bunten Blumentellern eingedeckt. Weiße Stumpenkerzen warten darauf, am Abend angezündet zu werden. In zwei alten Weckgläsern stehen die zuvor im Garten geschnittenen Blumen – Rosen, Kamille, Fetthenne und dazu ein paar filigrane Grasstängel. Ein feines weißes Häkelband mit Papieranhänger schmückt die Gläser. Auf den Tellern liegen süße weiße Häkelservietten, die von rosa-weiß gestreiften Stoffbändern umschlungen sind, darin steckt jeweils ein Namensschild. Dieses ist einfach zu basteln. Ein kleines Dreieck aus gemustertem festem Papier zuschneiden, oben und unten lochen und mit einem Namen bestempeln. Dann einen hübschen Papierstrohhalm durch die Löcher spießen. Die Strohhalme lassen sich später gut nutzen, um die Gläser zu kennzeichnen. Mein Lieblingsbesteck, das ich zu fast allen Festen einsetze, liegt neben den Tellern und gibt der Tischdekoration durch sein Silbermuster eine besondere Note. Die hohen Stielgläser warten auf die kühlen Getränke.

Schaut man auf die gedeckte Tafel, fällt der Blick direkt auf das schön angerichtete Büfett. Mein kleiner Holztisch aus dem Wohnzimmer wurde kurzerhand umfunktioniert, denn er hat die perfekte Größe und ergänzt

mit seinem feinen Shabby-Look die restliche Dekoration ganz wunderbar. Und erinnert mich zudem an das schöne Gartencafé im Norden. Ich liebe es, wie sich das Weiß der Möbel wunderschön vom Grün des Gartens abhebt. Dazwischen leuchten die rosa Farbtupfer von Rosen und Kosmeen.

Neben dem kleinen weißen Tisch stehen zwei große Laternen; der leicht rustikale Stil und die Gebrauchs-

spuren verleihen ihnen besonders viel Charme. Dahinter, an zwei Bambusstöcken, hängt meine gehäkelte Wimpelgirlande in bunten Farben. Sie bringt einen schönen Farbklecks hinter die auf dem Tisch stehenden Köstlichkeiten. Das frisch gebackene Brot, das auf einer Kuchenplatte thront, duftet zum Hineinbeißen gut. Aber auch der kleine Käsekuchen lockt mit herrlichem Duft. Daneben laden verschiedene Salate und gegrillte Spieße zum Kosten ein.

Zauberhaft romantisch sehen die Schwimmkerzen und Rosen in der alten Emailleschüssel aus.

Mein Krönchen

Auch wenn wir spontan feiern, möchte ich immer gern ein kleines unerwartetes „Extra" präsentieren, etwas, mit dem unsere Gäste nicht gerechnet haben, wie in diesem Fall die Gläserhauben.

Dafür habe ich ein paar traumhaft schöne, noch nie benutzte Stofftaschentücher verwendet, die ich von meiner Oma geerbt habe. Sie bewahrte sie immer in der kleinen Wäschekommode mit den goldenen Griffen auf. Ich glaube, sie hatte einige der Taschentücher sogar selbst genäht und mit Spitze verziert. Ich hüte sie seit etlichen Jahren, wenn nicht sogar Jahrzehnten. Aber sie sind einfach zu schade, um nur im Schrank zu liegen.

Ich habe die Taschentücher mit weißen Perlenschnüren an den Ecken beschwert und nun sind aus ihnen ganz besondere Gläserhauben geworden, die verhindern, dass die eine oder andere Fliege oder Wespe ins Glas schwirrt.

Auf einem alten Höckerchen, das seitlich neben dem Büfett an der Bretterwand steht, liegt eine alte Emailleschüssel. Darin schwimmen Kerzen und Rosenblüten, was hinreißend romantisch aussieht. Alles steht bereit, um uns einen schönen unvergesslichen Sommertag zu schenken. Genießen wir ihn.

ZITRONENLIMONADE

Das brauchen Sie

für ca. 0,7 l Zitronensirup

- Saft von 5 Bio-Zitronen
- 120 g Zucker
- Mineralwasser zum Mischen
- Eiswürfel
- frische Minze
- sterile, gut verschließbare Flasche

Die Glasflasche mit heißem Wasser ausspülen und abtropfen lassen. Von 1–2 gründlich gewaschenen Zitronen die Schale abreiben und diese später als Dekoration in die Gläser füllen. Die Zitronen auspressen. Den Zitronensaft mit dem Zucker und etwa 130 ml Wasser in einem Topf erhitzen und 5 Minuten kochen lassen. Den Sirup noch heiß in die vorbereitete Flasche füllen und diese gut verschließen.

Für die köstlich erfrischende Zitronenlimonade den Sirup im Verhältnis 1:1 mit dem Mineralwasser in die Gläser füllen. Eiswürfel, Zitronenschale und ein paar frische Minzeblätter zugeben.

Mit einem kleinen selbst gemachten Etikett und etwas Deko ist die Flasche ein perfektes Geschenk.

Köstlich erfrischend schmeckt eisgekühlte Zitronenlimonade im Sommer. Der leicht säuerliche Geschmack prickelt herrlich im Mund.

HIMBEERKÄSEKUCHEN

Das brauchen Sie
für ca. 6–8 Personen

- 250 g Himbeeren
- 250 g weiche Butter
- 1 Prise Salz
- 200 g dunkle Schokolade
- 330 g Zucker
- 8 Eier
- 150 g Mehl und etwas Mehl für die Form
- 1 TL Backpulver
- 600 g Frischkäse
- 1 TL Speisestärke

Eine Kuchenform von 32 × 24 cm (oder eine andere entsprechende Form) einfetten und mit Mehl bestäuben. Den Backofen auf 170 °C (Ober- und Unterhitze) vorheizen. Die Himbeeren waschen. 150 g Butter zerlassen, das Salz zugeben. Die Schokolade über dem Wasserbad schmelzen und zur Butter geben. Dann 200 g Zucker unterrühren. Nach und nach 5 Eier einzeln in den Teig rühren. Das Mehl mit dem Backpulver mischen und in den Teig sieben. Den Teig nochmals kurz verrühren, in die Form füllen und im vorgeheizten Backofen etwa 15 Minuten vorbacken.

Die restliche Butter und den Zucker mit dem Schneebesen cremig rühren. Die restlichen Eier nach und nach einzeln unterrühren. Frischkäse und Speisestärke mischen und ebenfalls einrühren. Die Hälfte der Himbeeren in die Masse geben und vorsichtig unterheben. Die Füllung auf den Teig streichen, die restlichen Himbeeren darauf verteilen und den Kuchen etwa 1 Stunde backen. Eventuell den Kuchen nach 45–50 Minuten mit Alufolie abdecken, damit er nicht zu dunkel wird. Erst nach dem Abkühlen aus der Form lösen.

Nordsee- stimmung

Maritime Accessoires wecken die Sehnsucht nach Sonne, Strand und Meer. Dazu köstliches Fingerfood und der Nachmittag wird zum Kurzurlaub.

Die Nordsee
nach Hause holen

Ab und zu treffen sich mein Mann und seine Kumpel nach dem Stadion-Besuch, um noch einmal jedes Spiel, jedes Tor und jeden Spieler im Detail „durchzugehen". Die Gespräche über Sport und Co. werden gern von kleinen Leckereien und kühlen Getränken begleitet. Nachdem der eigene Verein durchdiskutiert wurde, folgen weitere Bundesliga-Vereine – und schon vergehen die Stunden wie im Flug. Gern verschönere ich das Rückzugszimmer ein wenig. Zu Weltmeisterschaften mit Fußballaccessoires, aber sonst ganz unterschiedlich. Einfach, weil es viel Spaß macht. Spontan gefiel mir die Idee von einem Nordseezimmer, da wir immer gern ein langes Wochenende im Norden verbringen.

Mit wenigen Accessoires lässt sich schnell etwas Nordsee-Feeling zaubern.

Treibholz, Schiffslaterne, Fischreusen und alte Bilder mit Seemannsknoten bringen maritime Stimmung ins eigene Heim. Helle Töne und ein wenig Blau passen toll zum alten Naturholztisch und den weißen Möbeln im Zimmer. Nicht zu viel Dekoration soll es für die Männerrunde werden. Der Fokus liegt stärker auf dem köstlichen kleinen Büfett.

Meine Farben für diesen Anlass

Es soll nicht übertrieben dekoriert aussehen, sondern schlicht und behaglich, dezent und komfortabel. Daher wähle ich nur wenige hellblaue Accessoires für den Raum aus. Ein paar weiß-blau gestreifte Kissen, alte blaue Ballonflaschen und Landkarten. Dazu gesellen sich Naturmaterialien wie Leinen und Holz.

Sanfte helle Farben finde ich sehr passend.

Ganz so, wie ich mir die Farben in einem Haus an der See vorstelle. Mit Farben, die die Natur vorgibt. Das Blau des Himmels und des Meeres, das sanfte, leicht verwaschene Beige der Sanddünen und dazu verschiedene Weißtöne, wodurch das am Strand gesammelte Treibholz bestens zur Geltung kommt. Ich liebe es, am Strand entlangzulaufen und nach verschiedenen „Schätzen" Ausschau zu halten. Dabei den Duft des Meeres einzuatmen und den Sand unter den Füßen zu spüren. Oft stelle ich mir beim Spazierengehen vor, wie die Häuser am Strand wohl eingerichtet sein mögen. Wie das alte Reetdachhaus wohl von innen aussieht? Wie schön der Ausblick durch die großen Fenster des alten Kapitänshauses sein muss. Mit meinen auf Strandspaziergängen gesammelten Treibhölzern dekoriere ich immer gern. Das verwitterte Holz, vom Wasser glatt gespült und von der Sonne grau gebleicht, ist für mich etwas Herrliches. Einfach in ein paar Gläser oder Körbe gestellt, ist es äußerst dekorativ. Drängt sich aber gleichzeitig nicht zu sehr in den Vordergrund. Die Dekoration soll sich zu diesem Anlass etwas zurückhalten, aber trotzdem für eine schöne Atmosphäre sorgen.

Sportsfreunde unter sich

Kein Fest, kein besonderer Anlass, einfach Zeit mit Freunden verbringen. Mal ohne Grill und Bratwürstchen, aber mit einem feinen Fingerfood-Büfett. Ausgiebig über Fußball und Co. reden und es sich dabei gut gehen lassen. Wenn die Lieblingsmannschaft auch noch gewonnen hat, wird es garantiert ein perfekter Männertag!

Viele verschiedene Köstlichkeiten bringen himmlische Gaumenfreuden. Die Landkarte wird zur außergewöhnlichen Tischdecke.

Gibt es Schöneres als Zeit für Hobbys und Freunde zu haben? Sich eine Auszeit vom Alltag zu gönnen und Stunden voller Spaß in netter Gesellschaft zu genießen? Oft nehmen wir uns dafür viel zu wenig Zeit. Die Tage sind voll gepackt mit Arbeit, Alltag und tausend anderen Dingen. Umso mehr sollte man die sich ergebenen Gelegenheiten in vollen Zügen genießen und ein normales Treffen zu einem ganz besonderen Beisammensein werden lassen. Da ich Überraschungen liebe, erfinde ich allzu gern neue Dekorationen und überlege, mit was ich meinen Mann und seine Freunde überraschen könnte. Etwas, mit dem sie so nicht rechnen würden. Ich mag es, Menschen zu verwöhnen und ein Gefühl von Wohlbehagen und Behaglichkeit zu verbreiten. Es macht mir Spaß,

einen Raum immer wieder neu zu dekorieren. Das lässt sich schon mit wenigen Mitteln umsetzen. Dieses Mal fand ich es schön, eine Art „Nordseezimmer" zu gestalten. Nicht zu viel, nicht zu bunt. Eher schlicht und natürlich mit ausgewählten alten maritimen Accessoires. Das Ergebnis gefällt mir.

Der Raum sieht sehr gemütlich aus, es gibt genügend Plätze für alle. Er ist dekoriert, aber nicht überladen. Genau passend für die Männerrunde. Zusätzlich zum ausziehbaren Sofa, das uns häufig als Gästebett dient, steht

ein komfortabler Rattansessel im Raum. Er lädt zwischen den schönen alten hellblauen Ballonflaschen und den rustikalen Laternen zum Sitzen ein. Daneben, auf dem hohen weißen Hocker, stehen ein süßes kleines Segelboot und eine Laterne. Es bleibt aber genügend Platz, um ein Glas abzustellen. Bei Bedarf kann die Laterne schnell auf den Boden gestellt werden, sodass ein kleiner Abstelltisch entsteht.

Ein altes Ruder ist zusammen mit den an der Wand lehnenden großen Hölzern und den Treibhölzern im Glas ein

charmanter Akzent, der an die Tage am Meer erinnert. Der Sessel ist mit einem Schaffell und einem selbst genähten Leinenkissen belegt und lädt zum gemütlichen Verweilen ein. Auf dem Leinenkissen wurde die gleiche Krone wie auf den Leinenservietten mit einer Schablone aufgetragen. Eine Leinenserviette dient auf dem weißen Hocker als kleine Decke. Vor dem Sofa steht eine alte Holzkiste. Umgedreht mit einem weißen Tablett bestückt, wird daraus ein kleiner Abstelltisch für die Gläser. Ein großer Tisch würde in dem kleinen Raum viel zu viel Platz einnehmen und die Bewegungsfreiheit einschränken. Also besser mehrere kleine Abstellmöglichkeiten schaffen. Das wirkt luftig und behaglich zugleich.

Die schöne Holztruhe ist für diesen Tag ebenfalls zum Sitzplatz umfunktioniert worden. Das hellblau-weiß gestreifte Kissen macht den Platz bequem, daneben bleibt noch ausreichend Stellfläche für einen schönen kleinen Globus,

Kerzen und kleine Treibhölzer im Glas sowie zum Abstellen der Teller. Über der Truhe hängen eine Weltkarte und eine alte Laterne. Auf dem hohen weißen Schrank gleich neben dem Büfett stehen eine hübsche bauchige Flasche, gefüllt mit einem edlen Cognac, und Cognacgläser. Ein schönes Abschlussgetränk nach dem Essen.

Die alte Schiffslampe und die darüberhängende Fischreuse schaffen zusammen mit dem Knotenbild und der Zeichnung einer Hafenszene eine leicht maritime Stimmung. Auf dem alten Holztisch stehen diverse Köstlichkeiten, die nur darauf warten, probiert zu werden.

Ein kleines Segelboot, Treibholz, ein altes Ruder und rustikale, leicht verwitterte Laternen sorgen für eine stimmungsvolle Atmosphäre.

Mein Krönchen

Leinen mag ich sehr, es ist ein so vielseitiges Material. Für mich hat Leinen etwas Edles, auch wenn Leinenstoffe oftmals schlicht aussehen. Aber ich mag ihre Struktur so gern. Hier habe ich einen Leinenrest für Servietten genutzt.

Dafür habe ich den Stoff in 30 × 30 cm große Quadrate geschnitten. Aus meinem Stoffrest konnte ich fünf Servietten zuschneiden. Ich habe den Stoff bewusst nicht umgenäht, da ich bei Leinen leicht fransige Ränder mag. Mit einer kleinen Kronenschablone habe ich mit Stofffarbe eine Krone aufgemalt. Die Leinenservietten werten die einfache Tischdekoration ungemein auf.

Das brauchen Sie

für ca. 4 Portionen

- 100 g Bulgur
- 1 Knoblauchzehe
- 1 rote Zwiebel
- 1 rote Chilischote
- 3 EL Olivenöl
- 1–2 EL Weinessig
- Saft von 1 Zitrone
- 1 orangefarbene Paprikaschote
- 100 g Feta
- 25 g schwarze Oliven, entsteint
- frische Kräuter, z. B. Petersilie, Minze und Schnittlauch
- Salz und frisch gemahlener Pfeffer

Den Bulgur in eine Schüssel geben, mit kochendem Wasser übergießen, sodass er ganz bedeckt ist. Mit Salz und Pfeffer bestreuen und die Schüssel abdecken. Den Bulgur 10 Minuten quellen lassen.

Für die Vinaigrette den Knoblauch schälen und durchpressen. Die Zwiebel schälen und fein hacken. Chilischote entkernen und ebenfalls sehr fein hacken. Olivenöl mit Essig und Zitronensaft verrühren. Knoblauch, Zwiebel und Chilischote zugeben.

Die Paprika putzen und in feine Streifen schneiden. Den Fetakäse würfeln. Oliven halbieren, ein paar Oliven als Dekoration beiseitelegen. Die Kräuter hacken. Den Bulgur umrühren, damit er schön locker bleibt. Mit Vinaigrette übergießen und gut mischen. Restliche Zutaten untermengen. Nochmals mit Salz und Pfeffer abschmecken.

Den Bulgur können Sie in einer dekorativen Schüssel servieren. Ich finde es schöner, den Salat in vier kleinen Gläsern anzurichten. Die Gläser habe ich in Schachteln gestellt, die ich aus alten Landkarten bastelte.

Zum Bulgursalat passt ein Joghurt-Kräuter-Dip ganz wunderbar.

HAMBURGER

mediterran

Das brauchen Sie

für ca. 4 Stück

BRÖTCHEN:

- 250 g Dinkelmehl
- 17 g frische Hefe
- 120 ml lauwarmes Wasser
- 1 EL Honig
- 25 g Butter, gewürfelt
- 1 EL Meersalz

FÜLLUNG:

- 4 kleine Putenschnitzel
- 8 getrocknete Tomaten
- 1 Handvoll Rucola, gewaschen
- 1 Kugel Mozzarella,
  in Scheiben geschnitten
- Basilikumpesto
- Salz und frisch gemahlener
  schwarzer Pfeffer
- Öl zum Braten

Für die Brötchen das Mehl in eine große Schüssel geben und in die Mitte des Mehls eine Mulde drücken. Die Hefe im lauwarmen Wasser auflösen. Die Hefemischung in die Mulde gießen, mit einer Gabel ein wenig Mehl vom Rand einarbeiten.

Das Salz über den Rand streuen und den Honig und die Butterwürfel zugeben. Die Zutaten zu einem glatten Teig verkneten und dann den Teig etwa 1 Stunde an einem warmen Ort gehen lassen.

Den Backofen auf 200 °C (Ober- und Unterhitze) vorheizen. Den Teig in vier gleich große Stücke teilen und diese zu Kugeln rollen. Im vorgeheizten Backofen 20-25 Minuten backen.

Für die Füllung die Putenschnitzel mit Salz und Pfeffer würzen und in der Pfanne von beiden Seiten braten. Die gebackenen Brötchen aufschneiden und mit dem Pesto bestreichen. Die Putenschnitzel jeweils auf die untere Brötchenhälfte legen und mit getrockneten Tomaten, Rucola und Mozzarellascheiben garnieren. Ein Holzstäbchen (hier mit einer kleine Fahne geschmückt) einstechen; so bekommt der Hamburger mehr Halt. Wer mag, kann den belegten Hamburger (ohne Brötchendeckel) kurz unter den Backofengrill legen, damit der Käse leicht schmilzt.

So schmeckt der Männerabend!

HACKBÄLLCHEN

mit Rosmarin

Das brauchen Sie
für ca. 20–25 Bällchen

BRÖTCHEN:

- 2 rote Chilischoten
- 3 Knoblauchzehen
- 2 EL Rosmarinnadeln
- 1 EL Petersilie
- 4 Sardellenfilets
- 500 g Rinderhackfleisch
- 1 Ei
- Meersalz und frisch gemahlener schwarzer Pfeffer
- abgeriebene Schale von 1 Bio-Zitrone
- Rapsöl

Die Chilischoten entkernen und fein hacken, den Knoblauch schälen und durch eine Knoblauchpresse drücken, Rosmarin und Petersilie hacken, ebenso die Sardellenfilets. Zusammen mit dem Ei zum Rinderhackfleisch geben und alles gründlich vermengen. Mit Meersalz und Pfeffer würzen. Abgeriebene Zitronenschale unterrühren. Die Mischung zu kleinen Bällchen formen. In einer Pfanne mit Rapsöl von beiden Seiten schön braun braten. Die Bratzeit richtet sich nach der Größe der Bällchen.

Mit würziger Note!

Sommer ade, willkommen Herbst

Goldene Wälder, raschelndes Laub unter den Füßen, die Luft riecht nach Herbst, die lauen Temperaturen und der strahlend blaue Himmel locken immer noch nach draußen. Der Herbst ist wunderschön, er hat beinahe etwas Magisches. Die Natur zeigt sich vor dem kalten Winter noch einmal in voller Pracht.

Rustikal und edel

Ein letztes Mal draußen feiern, bevor der Winter Einzug hält.

Die Idee für ein kleines Erntedankfest ist schnell geboren. Eine natürliche, fast schon rustikale Dekoration schwebt mir dabei vor. Ich sehe Felle vor mir, die auf Sitzgelegenheiten verteilt liegen, weiche Strickkissen, viel Holz und jede Menge Äpfel und Kürbisse als Dekoration. Als Kontrast dazu mein feines Porzellan, die großen, sehr hohen Kerzenleuchter aus Bauernsilber, die der Tischdekoration gleich etwas Edles geben. Sie gehören zu meinen absoluten Favoriten; ihre schlanke hohe Form, leicht bauchig in der Mitte, machen sie überall zu einem wahren Hingucker. Dazu stelle ich mir Zweige in großen Flaschen vor und mein Lieblingsbesteck aus Silber. Die Gegensätze zwischen Rustikal und Edel geben meinem Herbstfest genau die richtige Mischung. Locker und gemütlich soll es werden, aber kein einfaches „Picknick" im Freien.

Meine Farben für dieses Fest

Passend zur Jahreszeit möchte ich herbstliche Farben wählen. Wobei Kürbisse, Äpfel und Quitten die Farbtupfer sein werden, während Stoffe und Geschirr sich etwas zurücknehmen. Die Natur soll diesmal im Vordergrund stehen. Ich liebe es, wenn sich die Blätter langsam verfärben, von Gelbbraun über Rot bis hin zu schlichtem Braun. Ein paar Zweige kann ich mir bei unseren Nachbarn besorgen, die ein kleines Stück Wald besitzen.

Auf dem Weg dorthin komme ich an einer großen Kastanie vorbei. Der Boden liegt jedes Jahr im Herbst voller Früchte. Beim Aufsammeln muss ich aufpassen, dass mir die Kastanien nicht auf den Kopf fallen, so viele wirft der Baum ab. Die Blätter der abgeschnittenen kleinen Zweige werden nach ein paar Tagen eher bräunlich als gelbbraun sein, aber das finde ich genau passend für die Dekoration, die mir vorschwebt. Ein paar Hagebuttenzweige kann ich mir unterwegs auch noch abschneiden. Der Feldweg ist gesäumt von wilden Rosen, die herrlich rote Hagebutten tragen, kleine wie große. Im Sommer gehe ich diesen Weg noch lieber. Dann hängen die Sträucher voller Rosenknospen, summen Bienen um einen herum und liegt ein zarter Rosenduft in der Luft. Aber auch im Herbst ist es ein Genuss, dort entlangzuspazieren.

Meine Lieblingskürbisse sind Baby Boos, kleine weiße Zierkürbisse. Mit ihnen dekoriere ich im Herbst am liebsten. Ihre großen Verwandten, die leuchtend orangefarbenen Kürbisse, werden dazu einen toller Kontrast bilden und zusammen mit frischen Maiskolben, Quitten und Äpfeln dem Ganzen das richtige Ambiente für ein Erntedankfest geben. Aber ich möchte die Szene noch ein wenig ländlicher gestalten, mehr wie ein Erntedankfest auf einem Bauernhof oder Gutshof. Dafür besorge ich mir ein paar Strohballen. Mit Schaffellen belegt, werden sie zu gemütlichen Sitzgelegenheiten und machen meine Festtafel zum Blickfang im Garten.

Kürbisse spielen bei meiner Tischdekoration eine wichtige Rolle.

Die Natur genießen

Die Tage werden kürzer, leichter Morgennebel schwebt wie ein Schleier über Wiesen und Feldern. Das Licht scheint golden. Die Sonne steht nicht mehr ganz so hoch am Himmel, aber ihre Strahlen wärmen uns noch. Alles leuchtet in prächtigen Farben und die von den Bäumen fallenden Blätter rascheln leise unter unseren Füßen.

Herbst heißt Erntedankzeit. Die Apfelbäume hängen voll mit köstlichen roten Äpfeln, die Quitten sind erntereif und verströmen ihren süßlichen Duft. Noch einmal mit lieben Freunden draußen feiern und den Sommer verabschieden. Heißen wir den goldenen Herbst willkommen.

Die Büsche und Sträucher im Garten haben ihr Herbstkleid angezogen, im kleinen Bauerngarten hinter dem Staketenzaun leeren sich die Beete und warten auf ihre Wintersaat. Ruhig ist es. Während im Frühling und Sommer noch eifriges Summen und Brummen den Garten erfüllte, ist es nun fast still geworden. Die Schwalben, die jedes Jahr unter unserem Dachgiebel ihr Nest bauen, sind schon fort. Ich vermisse das Zwitschern der kleinen Flugakrobaten. Jedes Jahr habe ich das Gefühl, ihr Nest wird größer, aber der Eingang dazu kleiner. Oft, wenn ich im Garten arbeite, schaue ich ihnen dabei zu, wie sie im rasanten Tempo ins Nest fliegen. Dafür wartet nun ein kleines Igelhaus auf seine Bewohner. Ich genieße für einen Augenblick die frische Luft, trinke dabei einen heißen Apfelpunsch und freue mich auf das Eintreffen unserer Gäste. Schon am Gartentor liegen schöne runde Kürbisse in verschiedenen Farben und Größen. Tritt man durch das Tor, ein, zwei Schritte nur, sieht man sogleich die herrlich angerichtete Tafel mit den großen Strohballen davor, die mit flauschigen Schaffellen bedeckt sind.

Die gemütlichen Rattansessel laden mit Fellen und dicken, weichen Kissen zum Verweilen ein.

Blätter, Kürbisse, Äpfel und Hagebutten fügen sich zum stimmungsvollen Ensemble zusammen.

Als zusätzliche Sitzgelegenheiten stehen Rattansessel bereit. Sie sind ebenfalls mit Fellen bedeckt, darauf liegen große weiche Strickkissen und laden zum gemütlichen Einkuscheln ein. Der alte Holztisch, eines meiner ersten alten Stücke, hat eine dicke, schwere Tischdecke aus Leinen bekommen.

Der Tisch hat mich viele Jahre und auch über Umzüge hinweg begleitet und ich finde ihn immer noch wunderschön, mit seinen über die Jahre gewonnenen Gebrauchsspuren, den zwei Schubladen und der stabilen Tischplatte. Im Sommer nutze ich ihn gern draußen als Esstisch, denn er ist größer als unser Gartentisch. Um meine Dekoration nicht zu rustikal werden zu lassen, habe ich eine feine Spitzengardine über die Leinendecke gelegt. Eine schöne zarte Tischdecke in dieser Größe habe ich leider nicht, also improvisiere ich ein wenig.

Das filigrane Muster der Gardine hebt sich wunderbar von der Leinentischdecke ab und so entsteht genau der leicht rustikale und edle Eindruck, den ich mir für meine Dekoration vorgestellt hatte.

Zwei große alte Flaschen aus dickwandigem Glas – ich glaube, sie stammen aus einer alten Apotheke – fungieren als Vasen für die vorher besorgten Zweige. Mein feinstes Porzellan schmückt den Tisch, daneben liegt mein Lieblingsbesteck. Das mit einem filigranen Muster besetzte Silberbesteck hüte ich wie meinen größten Schatz. Es ist schon lange in unserer Familie. Früher holten es meine Großeltern zu feierlichen Anlässen aus dem Schrank und schon als Kind fand ich es traumhaft schön. Das Besteck gibt einfach jeder Tischdekoration etwas wunderbar Feines. Kleine Hagebuttenzweige und einzelne Blätter liegen leicht verstreut zwischen dem schönen Geschirr.

KLEINE KÜRBISVASEN

Für eine besondere Tischdekoration liebe ich es, diese kleinen zauberhaften Hingucker zu basteln. Sie können am Ende einer Feier auch gerne von unseren Gästen als Erinnerung mitgenommen werden.

Das brauchen Sie

- kleine Kürbisse
- scharfes Messer
- eventuell Akkubohrer
- Löffel oder Kürbisaushöhler
- Blumen, z. B. Astern
- kleine Hagebuttenzweige
- Bleistift

Mit dem Bleistift einen kleinen Kreis um den Kürbis zeichnen. Den Stängel abschneiden. Mit dem Messer an der Linie entlang in den Kürbis schneiden. Wenn der Kürbis sehr fest ist, zuerst mit dem Akkubohrer kleine Löcher hineinbohren. Sobald die erste Schicht entfernt ist, mit dem Löffel oder Kürbisaushöhler den Kürbis innen weiter auskratzen, sodass Platz für eine kleine Vase mit Blumen ist. Etwas Wasser einfüllen und in jeden Kürbis die ausgewählten Blumen stellen.

Zauberhaft sieht die Tellerdekoration aus. Die beschrifteten Blätter, der süße kleine Kürbis und die bemalten Leinenservietten sind wirklich prachtvoll.

Eine kleine, aus Blättern zusammengenähte Krone umschließt den Teelichtkürbis, der sein sanftes Licht verbreitet.

Mein Krönchen

Eine Besonderheit möchte ich bei meinen Tischdekorationen immer präsentieren. Etwas, womit meine Gäste nicht sofort rechnen. Diesmal habe ich meine wundervollen Bauernsilber-Kerzenständer mit auf den Tisch gesetzt. Bauernsilber mag ich sehr, und ich bin der Meinung, es darf nicht nur Weihnachten gezeigt werden, sondern ruhig auch mal draußen bei einem Herbstfest oder anderen Gelegenheiten präsentiert werden. Durch die Spiegelung des Kerzenlichtes im Bauernsilber entsteht ein sehr warmes Licht, das eine gemütliche Stimmung zaubert.

Die Kürbisse sind innen ausgehöhlt und dienen nun als Vase für Hagebutten und weiße Asternblüten. Unter den Kürbissen steckt ein Blatt als Namensschild. Mit einem weißen Stift hebt sich der Schriftzug wunderbar von den farbigen Blättern ab.

Eine Kiste voller Decken zum Einkuscheln steht bereit, falls es später zu kühl wird. Hohe, mit einer rostigen Patina bedeckte Kerzenhalter stecken im Gras. Ihr oberer Rand erinnert an kleine Kronen. Ein alter Weidenkorb ist mit roten Äpfeln gefüllt und steht wie zufällig unter dem alten Gartentisch. Gerne kann sich jeder aus dem Apfelkorb bedienen. Der frisch gebackene Zwiebelkuchen schmeckt warm wie kalt einfach himmlisch und lädt, auf dem alten Backbrett serviert, zum Probieren ein. Zusätzlich gibt es eine wärmende Kürbissuppe, die direkt aus der Küche schön heiß serviert wird.

Alles steht bereit und ich warte voller Vorfreude auf unsere Gäste.

APFELKUCHEN

mit Mandeln

Das brauchen Sie

für ca. 16 Stücke

- 4 Eier
- 250 g Zucker
- 125 g Butter
- 100 ml Milch
- 250 g Mehl
- 50 g gemahlene Mandeln
- 2 TL Backpulver
- 6 Äpfel
- 25 g Mandelblättchen
- Zimt und Puderzucker zum Bestreuen
- 1 EL Butter
- 2 Tarteformen von 20 cm Ø
  (Bei nur einer Form die Kuchen
  nacheinander backen.)

Den Backofen auf 200 °C (Ober- und Unterhitze) vorheizen.

Eier und Zucker schaumig schlagen. Die Butter würfeln und zusammen mit der Milch in einem Topf kurz aufkochen lassen. Leicht abkühlen lassen und dann zur Ei-Zucker-Masse geben. Mehl, gemahlene Mandeln und Backpulver unterheben. Die Äpfel schälen, vom Kerngehäuse befreien und in Spalten schneiden. Den Teig in die mit Butter gefetteten Tarteformen füllen. Mit den Apfelspalten belegen. Die Tartes etwa 25–30 Minuten backen. Abkühlen lassen und mit Mandelblättchen bestreuen. Eine Tarte mit Zimt, die andere mit Puderzucker bestreuen. Sie können die Tartes warm oder kalt genießen.

Noch köstlicher schmecken sie
mit Vanillesauce.

Der leckere
Apfelkuchen,
mit Äpfeln aus
Nachbars Garten
gebacken,
verströmt seinen
köstlichen Duft.

BUTTERNUSSKÜRBIS-SUPPE

Die köstliche Kürbissuppe wärmt von innen, wenn es draußen ein wenig frischer werden sollte.

Das brauchen Sie
für ca. 6 Portionen

- 1 Butternusskürbis
- 2 Knoblauchzehen
- 1 Schalotte
- 1 EL Olivenöl
- 800 ml Gemüsebrühe
- Saft und abgeriebene Schale von 1 Bio-Orange
- 1 TL Currypulver
- 1 rote Chilischote
- 1 Bund Petersilie
- 100 g Crème fraîche
- Salz und frisch gemahlener schwarzer Pfeffer

Den Kürbis schälen und das Kerngehäuse entfernen. In Würfel schneiden. Knoblauchzehen und Schalotte schälen und sehr fein hacken. Beides in einem großen Topf mit Olivenöl leicht andünsten. Die Kürbiswürfel dazugeben und 1–2 Minuten bei mittlerer Hitze mitdünsten. Mit Gemüsebrühe ablöschen. Die Suppe etwa 20 Minuten köcheln lassen und dann fein pürieren. Die abgeriebene Orangenschale und den Saft zugeben. Mit 1 TL Currypulver sowie mit Salz und Pfeffer würzen. Die Suppe nochmals kurz köcheln lassen.

Die Chilischote entkernen und in feine Ringe schneiden, die Petersilie waschen und fein hacken. Die Suppe auf Teller verteilen und Crème fraîche zufügen. Mit Chiliringen und gehackter Petersilie garnieren.

APFELMUS

à la Yvonne

Das brauchen Sie
für ca. 6 Portionen

- 6 Äpfel
- 225 g Puderzucker
- ¼ l Apfelsaft
- 1 Zimtstange
- 1 TL gemahlener Zimt
- 3 EL frisch gepresster Zitronensaft
- 1½ TL Kardamom

Die Äpfel schälen, vom Kerngehäuse befreien und in kleine Stücke schneiden. Mit Zucker, Apfelsaft, Zimtstange und Zitronensaft in einen Topf geben und kurz aufkochen lassen. Dann weiterköcheln lassen, bis die Äpfel schön musig sind. Zwischendurch mehrmals umrühren. Die Zimtstange entfernen. Mit Kardamom und gemahlenem Zimt würzen.

In vorher sterilisierte Gläser füllen und gut verschließen. Wer das Apfelmus lieber sehr fein mag, kann es vor dem Abfüllen durch ein Sieb streichen.

Das Apfelmus schmeckt fantastisch auf frischem Brot, es kann für Kuchen verwendet oder als kleines Dessert zur Mascarponecreme serviert werden.

Das selbst gemachte Apfelmus wird zum kleinen Gastgeschenk, das noch Tage später an unser Herbstfest erinnert.

ZWIEBELKUCHEN

Das brauchen Sie
für ca. für 6–8 Portionen

- 400 g Dinkelmehl
- 80 g Weizenmehl
- 150 g Butter
- 2 EL Wasser
- 1 Bund Frühlingszwiebeln
- 2 Schalotten
- 2 rote Zwiebeln
- 2 Knoblauchzehen
- 2 EL Butter
- 100 g Parmesan
- 4 Eier
- 400 ml Sahne
- 400 ml Milch
- 250 g Gruyère, frisch gerieben
- Muskatpulver
- Salz und frisch gemahlener schwarzer Pfeffer

Den Backofen auf 200 °C (Ober- und Unterhitze) vorheizen. Die beiden Mehlsorten mischen. Die Butter würfeln und mit dem Mehl vermengen. Noch 1 EL Wasser zufügen und den Teig zu einer glatten Kugel verkneten. Wenn der Teig noch krümelig ist, eventuell noch 1 EL Wasser zufügen. In Folie wickeln und 30 Minuten an einem kühlen Ort ruhen lassen.

Inzwischen die Zwiebeln schälen und in feine Ringe schneiden. Den Knoblauch schälen und fein hacken. Zwiebeln und Knoblauch mit etwas Butter in einer Pfanne kurz andünsten. Abkühlen lassen. Eier, Milch und Sahne mischen und mit den Gewürzen abschmecken. Den Parmesan reiben und untermischen.

Eine Springform von 24 cm Ø (oder wie hier eine rechteckige Form von 23 × 23 cm) einfetten. Den Teig ausrollen und in die Form legen. Mit einer Gabel den Boden mehrmals einstechen. Im Backofen etwa 10 Minuten vorbacken.

Die Zwiebel-Knoblauch-Mischung auf dem Mürbeteigboden verteilen, mit der Hälfte des Gruyère bestreuen, die Ei-Masse darübergießen und zum Schluss den restlichen Gruyère darauf verteilen. Im Backofen in etwa 25–30 Minuten goldbraun backen.

Weiße Weihnacht

Das Weihnachtsfest ist mein liebstes Fest! Schon als Kind habe ich immer sehnsüchtig auf die Weihnachtszeit gewartet. Was nicht nur an den Geschenken lag, sondern einfach an der Gemütlichkeit, dem Zusammensein, der gemeinsamen Zeit mit der Familie. Der Höhepunkt war für mich immer der Heiligabend.

Inspiration aus Skandinavien

Je nach Lust und Laune oder je nach Jahreszeit wechseln bei uns die Dekorationen und Farben.

Für mein Weihnachtsfest hatte ich mich von den Skandinaviern inspirieren lassen, die ihr Haus oft sehr hell dekorieren, um das fehlende Licht im Winter auszugleichen. Ich mag diese Leichtigkeit und das viele Weiß. Selbst an regnerischen und trüben Tagen wirkt der Raum noch immer freundlich und einladend. Ein weiterer Vorteil weißer Möbel: Ich kann meine Dekorationen immer wieder verändern, denn dazu passen alle Farben. Um mir noch mehr Inspiration zu holen, mein „Kopfkino" anzuschalten und meine vage Vorstellung einer weißen Weihnacht umzusetzen, habe ich mir wieder ein Moodboard zusammengestellt. Dafür krame ich alles hervor, was zu meiner Idee passt. Das schöne alte Silber mit der herrlichen Patina von meinem Opa, das weiße Geschirr, das schon durch seine Form und Verzierung festlich wirkt, die weiße Leinentischdecke mit Häkelkante, die mich an meine Oma erinnert. Daran, wie sie früher in ihrem Sessel saß und kleine feine Deckchen häkelte. Wenn ich diese schönen Dinge sehe, dann hüpft mein Herz vor Freude. Es macht mir so viel Spaß, sie nebeneinanderzustellen und zu begutachten.

Meine Farben für dieses Fest

Weiß und Silber passen einfach toll zusammen, aber irgendetwas fehlt noch. Für noch mehr Weihnachtsgefühl gebe ich Tannengrün und Kerzen dazu. Kerzen liebe ich, sie verströmen durch ihr sanftes Licht so

viel Wärme. Vor allem in Kombination mit Bauernsilber sind sie für mich die perfekte Beleuchtung im Winter. Dann durchforste ich meinen Deko-Fundus nach Kugeln. Schließlich sollte auch der Baum passend geschmückt sein. Da der Weihnachtsbaum der absolute Blickfang im Raum ist, liegt mir viel daran, dass er die Raum- und Tischdekoration widerspiegelt bzw. vorgibt. Der Blick wandert schließlich vom Baum durch den Raum weiter zur Weihnachtstafel. Daher übernimmt der Baum die Regie im Raum und gibt den Deko-Stil vor. Die Weihnachtstafel wird zur stimmigen Ergänzung. Passend zu meiner Idee hänge ich silberne Kugeln auf. Die schönen alten Kugeln von früher mag ich besonders gern. Schon ein wenig in die Jahre gekommen, wecken sie in mir die allerschönsten Weihnachtserinnerungen. Ihr leichter Shabby-Touch setzt einen schönen Akzent. Ergänzt werden sie durch neue Kugeln und kleine Baumkerzen.

Mein Moodboard-Tisch ist nun komplett. Der Tisch gleicht einem Deko-Laden und ist mit schönen Dingen bestückt. Immer wenn ich daran vorbeikomme, betrachte ich ihn, nehme das ein oder andere weg, lege wieder anderes dazu. Ich sammle. Sammle Ideen. Dadurch bildet sich in meiner Vorstellung ein konkretes Bild. Ich kann sie vor mir sehen, meine weiße Weihnacht. Sehe den geschmückten Baum schon stehen, rieche das frische Tannengrün, den Duft von frisch gebackenem Kuchen, höre die kleinen Glöckchen, die im Baum hängen und leise bimmeln, wenn ich die Geschenke unter den Baum lege. Ich fange an, Weihnachtslieder zu summen, und falle in den Weihnachtsmodus. Am liebsten würde ich gleich mit der Dekoration loslegen.

Ich schaue mir alles noch einmal an und lasse es auf mich wirken.

Es weihnachtet sehr

Ich erinnere mich gern an das Weihnachtsfest meiner Kindheit: Schon Tage vorher durften mein Bruder und ich nicht mehr ins Wohnzimmer, die Tür war verschlossen, und auch durch das Schlüsselloch zu blinzeln, hatte keinen Sinn. Dem Tag fieberten wir regelrecht entgegen, und wenn das Glöckchen dann läutete, sprangen wir auf und rannten aus unserem Zimmer. Im Wohnzimmer wartete ein für uns damals riesiger Lichterbaum, der wunderbar duftete. Das Licht der Kerzen schimmerte in den Kugeln und im Hintergrund spielte leise Weihnachtsmusik.

Der Fernseher ist hinter dem Holzparavent mit stimmungsvoller Dekoration verschwunden. Und stört somit die weihnachtliche Atmosphäre nicht.

Wir standen meistens staunend da und wussten gar nicht: Wohin schauen wir zuerst? Den Weihnachtsteller sahen wir erst auf den zweiten Blick, ebenso die Geschenke, die unter dem Baum verstreut lagen. Wir wünschten uns eine „Frohe Weihnacht" und das Fest konnte beginnen. Oft kamen noch meine Großeltern vorbei, manchmal am Nachmittag, manchmal am Abend. Und auch heute noch ist es bei uns wie damals. Weihnachten wird ganz gemütlich eingeleitet und ist etwas Besonderes geblieben. Es ist ein Familienfest, egal, ob wir uns schon am Nachmittag treffen oder erst am Abend. Wir genießen die gemeinsame Zeit. Für dieses Weihnachtsfest habe ich mir überlegt, eine „weiße Weihnacht" zu dekorieren. Hell und zart möchte ich sie gestalten, aber doch gemütlich und warm in ihrer Atmosphäre. Überall im Raum ist Tannengrün verteilt. Oft in Form von kleinen Bäumen. In alten weißen Emailleeimern kommt das Grün der Bäume wunderbar zur Geltung. Ich habe gleich mehrere Bäume im Raum

Feierlich gedeckt lädt der Tisch zum Verweilen ein. Die köstliche Weihnachtstorte wartet darauf, endlich angeschnitten zu werden.

verteilt. Neben dem Esstisch, auf einem alten Schränkchen, auf dem Couchtisch, und vor dem tiefen Fenster auf der kleinen Truhe steht noch einer und verschönert den Blick in den Garten. Die großen Geschirrschränke bekommen lange Tannengirlanden, die an den Seiten herunterhängen und mit vielen kleinen Lichtern bestückt sind. Diese funkeln wie kleine Sterne. Der Duft von frischem Tannengrün zieht durch den ganzen Raum. Das Tannengrün ist ein schöner Kontrast zu den weißen Möbeln und

hebt die silbernen Kugeln und Kerzenleuchter herrlich hervor. Der Fernseher ist hinter seinem Holzparavent verschwunden und fällt nicht mehr ins Auge. Davor habe ich viel Tannengrün gelegt, das mit einer kleinen Sternenlichterkette dekoriert ist. Mehrere Teelichtgläser aus Bauernsilber stehen dazwischen und silberne Kugeln zieren zusammen mit kleinen Zapfen das Grün. Im Laufe des Jahres sammele ich regelmäßig Tannenzapfen und verteile sie an Weihnachten in Körben und lege sie zwischen

STERN AUS HOLZKUGELN

Zur Weihnachtszeit bin ich gern kreativ. Diesmal habe ich aus schlichten Holzkugeln einen Stern gebastelt.

Das brauchen Sie

- 48 Holzkugeln
- dicker Basteldraht (von der Rolle)
- Kneifzange zum Biegen und Schneiden des Drahts
- weiße Holzfarbe
- Pinsel

Je nach Sterngröße ein Stück Draht (z. B. 1 m) abschneiden. Ein Ende leicht biegen, sodass die Kugeln dort nicht herunterrutschen können. Die Kugeln auffädeln und das andere Ende ebenfalls leicht biegen. Nun den Draht zum Stern biegen, dabei darauf achten, dass die Kugeln immer gleichmäßig verteilt sind, z. B. auf einer Sternspitze jeweils zwölf Kugeln, sechs pro Seite. Die Drahtenden gut miteinander verdrehen und den restlichen Draht mit der Zange abschneiden. Den Stern bzw. die Holzkugeln weiß anmalen und trocknen lassen. Der Stern ist immer ein toller Hingucker. Später kann er auch als Topfuntersetzer genutzt werden.

die Tannenzweige. Auch halte ich immer nach Lärchenzweigen Ausschau. Diese sehen mit ihren kleinen Zapfen so schön winterlich aus und passen gut zu meinen alten, hohen Apothekergläsern. Dieses Sammeln, über das ganze Jahr verteilt, ist für mich schon eine kleine Vorfreude auf Weihnachten. Ganz besonders freue ich mich jedes Jahr auf den Weihnachtsbaum. Die Auswahl ist immer wieder eine wahre Prozedur. Nicht zu dünn und nicht zu dick soll er sein und vor allem schön gerade gewachsen.

Ich liebe den frischen Duft von Tannengrün noch genauso wie in meiner Kindheit und freue mich jedes Jahr darauf, den Baum zu schmücken. Für meine weiße Weihnacht habe ich die alten Silberkugeln herausgeholt und sie mit neuen Kugeln gemischt. Durch die Mischung aus Alt und Neu sticht die Patina der alten Kugeln noch stärker hervor. Dazu die alten Glöckchen, die immer noch hell klingen, die alte Christbaumspitze, die stets ein wenig schief sitzt, und natürlich die Lichterkerzen, die sich so wunderbar in den Kugeln spiegeln. Derart geschmückt sieht der Baum für mich einfach zauberhaft aus. Auf dem alten Holzschlitten, der vor dem Baum seinen Platz gefunden hat, liegen die Geschenke bereit. Der Sessel neben dem Baum lädt zur kurzen Pause am warmen Feuer ein. Auf dem kleinen Seitentisch steht die alte Silberglocke. Wenn sie klingelt, ist es Zeit für die Bescherung. Die im Raum verteilten Lichter der großen Stumpenkerzen und die kleinen Lichterketten schaffen eine wunderbar feierliche Stimmung. Mittelpunkt ist der herrlich geschmückte Weihnachtsbaum, der mit seinen vielen funkelnden Lichtern alles überstrahlt. Auf der anderen Seite des Raums steht der große Esstisch. Eingerahmt von dem kleinen Schränkchen und dem hohen Blumenhocker, auf dem ein kleines Tannenbäumchen thront. Daneben, in der großen Laterne, liegen viele silberne Kugeln, in denen sich das Kerzenlicht wundersam

Am alten Kronleuchter hängen
Bauernsilberkugeln, in denen
das Kerzenlicht wunderbar
schimmert. Essen bei Kerzen-
schein ist herrlich gemütlich.

Ich dekoriere
auch die Stühle
gleich mit –
diesmal mit
großen silbernen
Zapfenkugeln,
die einfach mit
einem schönen
Schleifenband
festgebunden
werden.

Alles ist stilvoll und weihnachtlich dekoriert. Auch die
Schränke haben ein Festkleid bekommen.

151

*Kleine Tannenbäumchen aus der Baum-
schule zieren die Weckgläser. Eine schlichte,
aber wirkungsvolle Dekoration.*

*Anstelle des Adventskalenders sind auch die alten Ski
und Skistöcke eine schöne Weihnachtsdekoration.*

spiegelt. Auf der alten Holztruhe vor dem Fenster hat ein weiteres Tannenbäumchen seinen Platz gefunden. Große Zimtstangen, die in einem Glas stehen, duften zart nach Weihnachten. Passend zu den Kugeln am Weihnachtsbaum gibt es auf dem Regal über der Heizung hohe Kerzenständer aus Bauernsilber. Sie stehen vor dem großen Spiegel und erleuchten den Raum.

Unter dem Schränkchen stehen zwei große Holzsterne, die zu diesem Fest ein weißes Farbkleid bekommen haben. Die Stühle am Tisch sind mit großen silbernen Glaszapfen geschmückt, die leise klimpern, wie kleine Engelsglöckchen, wenn der Stuhl gerückt wird. Auf dem Esstisch stehen zwei große silberne fünfarmige Leuchter, darüber hängen dicke Bauernsilberzapfen an dem alten Kronleuchter. Das erzeugt ein warmes Licht, das die Silberkugeln glänzen lässt. Der Tisch ist zur einladenden Festtafel geworden. Die weiße Leinentischdecke wirkt durch die zarte Lochstickerei am Rand sehr fein. Das weiße Geschirr, mein absolutes Lieblingsgeschirr, passt wunderbar dazu. Mein Silberbesteck ergänzt das schöne Porzellan vom Stil her perfekt. Mitten auf der Tafel liegt herrlich duftendes Tannengrün, dazwischen leuchten schöne matte und glänzende Silberkugeln. Tannenzapfen runden das Bild ab.

Hohe Stielgläser stehen für den Weihnachtspunsch bereit. Auf den Tellern liegen die schönen weißen Stoffservietten mit Häkelspitze. Darauf verteilt kleine Lebkuchenkronen mit einer Kugel und einem Namensschildchen geschmückt. So weiß jeder Gast gleich, wo er sitzt. Als kleines Prunkstück thront die Weihnachtstorte in der Tischmitte. Auf der weißen Tortenplatte mit Wellenrand kommt sie prächtig zur Geltung. Ein Blickfang ist die kleine Kugelgirlande, die sie schmückt. Um es noch gemütlicher und bequemer zu machen, liegen Kissen, Felle und Decken im Raum verteilt. An der Hakenleiste über der Bank hängen Bauernsilberzapfen und ein schöner selbst gemachter Stern aus Holzkugeln, der mit

einer kleinen Kerze geschmückt ist. Der große Geschirrschrank, der neben der Tür steht, ist nicht nur mit einer großen Tannengirlande und Lichterkette geschmückt, sondern zusätzlich hängen zwei schöne Kränze mit Silberschleife an den oberen, mit Hasendraht verkleideten Türen. Das prachtvolle Geschirr, das dahintersteht, lenkt nicht von den großen Kränzen ab.

Das Licht funkelt in den vielen Weihnachtskugeln und die silberne Glocke wartet auf ihren Einsatz.

Auf dem Sofatisch stehen drei alte Weckgläser, die mit Minitannenbäumchen aus der Baumschule geschmückt sind. Der weiße Metalltisch mit schön geschwungenen Beinen hat passend zum Esstisch eine weiße Leinentischdecke übergestreift.

Im Hintergrund spielt Weihnachtsmusik. Der Ofen bullert vor sich hin, eine wohlige Wärme verströmend. Die Gäste kommen und wir läuten den Heiligabend ein.

Das brauchen Sie

- 12 kleine weiße Schachteln (eckig und/oder rund)
- 11 kleine weiße Papiertüten
- 1 große weiße Papiertüte (ca. 20 × 25 cm)
- weiß-rotes Twin-Garn
- 2–3 Weihnachtsstempel (z. B. Tannenbaum, Wichtel, Weihnachtsmann)
- rote und schwarze Stempelfarbe
- Zahlenschablone
- Silberstift
- rot-weiß kariertes Schleifenband
- 5–6 Bögen weißes Seidenpapier
- 4–5 kleine Anhängerschilder
- Kleinigkeiten zum Befüllen

Alle Schachteln und Papiertüten mit weihnachtlichen Motiven bestempeln – die eine Hälfte mit roter, die andere Hälfte mit schwarzer Stempelfarbe. Die Adventszahlen mit Hilfe der Schablone aufmalen, wobei die Zahl „24" auf die große Papiertüte kommt. Die Seidenpapierbögen halbieren und in jede Tüte einen halben Bogen stecken. Mit den Kleinigkeiten befüllen. Die Schachteln mit dem Twin-Band zum Geschenk verschnüren. An einige Schachteln ein Anhängerschildchen befestigen, das vorher ebenfalls bestempelt wurde. An den Tütengriff kleine Schleifenbänder binden. Der Adventskalender kommt an einer Leiter oder an einem dekorativen Ast wunderbar zur Geltung. Sie können die Tüten aber auch in einem großen Korb arrangieren.

Mein Krönchen

Mit einer kleinen Lebkuchenkrone bekommt jeder Teller eine „königliche" Verzierung.

Das brauchen Sie

für ca. 6 Lebkuchenkronen

- 400 g Honig
- 150 g Butter
- 200 g Zucker
- 2 Eier
- 1 Tütchen Lebkuchengewürz
- 1 Prise Salz
- 800 g Mehl
- 2 TL Backpulver
- 1 TL Natron
- 30 g Kakaopulver
- ca. 150 g Puderzucker

Honig, Butter und Zucker in einem Topf erwärmen und umrühren, bis sich der Zucker vollständig aufgelöst hat. Die Masse abkühlen lassen. Eier, Lebkuchengewürz und Salz unterrühren. Mehl mit Backpulver, Natron und Kakaopulver mischen und in den Teig sieben. Leicht unterheben, dann mit den Händen alle Zutaten auf einer mit Mehl bestäubten Arbeitsfläche zu einem glatten Teig verkneten. Den Teig in einer Schüssel etwa 1 Stunde ruhen lassen.

Den Backofen auf 175 °C (Ober- und Unterhitze) vorheizen.

Aus dem Backpapier eine Schablone von 3 cm Breite und 5 cm Länge ausschneiden. Ab der Hälfte des Papieres nach oben hin spitz zulaufend schneiden. Den Teig etwa 1 cm dick ausrollen und mithilfe der Schablone zuschneiden. Für jedes Krönchen werden fünf Teile benötigt. Im vorgeheizten Backofen 10–15 Minuten backen. Am besten über Nacht gut auskühlen lassen.

Für eine dickliche Glasur den Puderzucker mit wenig Wasser verrühren. Zwei Krönchenteile nehmen und seitlich mit der Glasur bestreichen und fest zusammendrücken, bis die Masse angetrocknet ist. Ein weiteres Teil ankleben. Fünf Krönchenteile zum Kreis zusammenkleben. Zum Trocknen eignet sich ein Dessertring, eine Tasse oder kleine Schale mit entsprechendem Umfang. Die kleine Krone vorsichtig hineinsetzen und trocknen lassen. Wenn Sie mögen, können Sie sie noch mit Zuckerperlen verzieren.

Es gibt so viele schöne Möglichkeiten, sein Weihnachtsfest ganz individuell zu gestalten und für sich einzigartig zu machen.

WEIHNACHTSTORTE

Das brauchen Sie
für ca. 6 Personen

BODEN:
- 5 Eier
- 125 g Zucker
- 1 TL Vanillezucker
- 100 g Mehl
- 3 EL Kakaopulver

FÜLLUNG:
- 300 g Cranberrys
  (davon 150 g zum Verzieren)
- 2 EL Zucker
- 2 EL Orangensaft
- 2 EL Wasser
- 1 TL Zimt
- 400 ml Sahne
- 2 EL Puderzucker
- 1 hohe Backform oder
  2 Backformen von 20 cm Ø

Wenn Sie mögen, können Sie den Kuchen mit kleinen Weihnachtskugeln, die an einem Bindfaden und zwei Papierstrohhalmen hängen, dekorieren. Die Girlande macht die Torte zu einem wundervollen Blickfang.

Den Backofen auf 180 °C (Ober- und Unterhitze) vorheizen. Für den Tortenboden die Eier trennen, die Eiweiße mit 2 EL Zucker steif schlagen und die Eigelbe mit dem restlichen Zucker schaumig rühren. Mehl, Kakaopulver und Vanillezucker darübersieben und leicht unterrühren. Den Eischnee locker unterheben. Die hohe Backform mit Backpapier auslegen und den Teig einfüllen. Im vorgeheizten Backofen 30–35 Minuten backen. Gut abkühlen lassen und den Tortenboden waagerecht in drei gleich dicke Böden teilen. Wenn Sie zwei Backformen benutzen oder den Teig nacheinander gebacken, teilen Sie die Masse auf ⅔ und ⅓ Teigmasse auf. Den dickeren Boden können Sie dann einmal durchschneiden und erhalten so zwei Tortenböden.

Inzwischen für die Füllung 150 g Cranberrys in einem Topf mit 2 EL Wasser, 2 EL Orangensaft und 2 EL Zucker geben und leicht köcheln lassen, bis sie schön weich sind. Den Zimt unterrühren und die Masse abkühlen lassen. Die Sahne mit dem Puderzucker steif schlagen. Die durchgeschnittenen Böden mit der Cranberry-Masse und der Sahne bestreichen und übereinanderlegen. Für eine scharfe, gerade Kante am Kuchen die Bodenunterseite zum Schluss oben auflegen. Das heißt: Die Seite, die in der Backform unten lag, nun mit der glatten Seite nach oben auflegen.

Zum Schluss die erste Schicht Sahne auf der Außenseite verteilen und mit einem Palettenmesser glatt streichen (Sie können auch ein großes Schneidemesser mit stumpfer Seite benutzen). Die Torte kühl stellen. Nach ca. 30 Minuten die restliche Sahne auf der Torte verteilen und wiederum glatt streichen. Nochmals kühl stellen und kurz vor dem Servieren die restlichen Cranberrys auf dem Kuchen dekorieren.

Das brauchen Sie

für ca. 6 Personen

- 3 Eier
- 150 g weiche Butter
- 150 g dunkle Schokolade
- 150 g Zucker
- 100 g Mehl
- Puderzucker zum Bestäuben
- Butter und Mehl für die Form
- 1 spezielle Tannenbaumform

Köstlich sehen die auf geweißten Baumscheiben stehenden Tannenbaum-kuchen aus.

Den Backofen auf 180 °C vorheizen, die Backform gut einfetten und mit Mehl ausstäuben. Die Kuvertüre im Wasserbad schmelzen, Butter zugeben und mitschmelzen lassen. Beides gut miteinander vermengen. Zucker zur Schokomasse geben und unterrühren, nacheinander die Eier unterrühren. Mehl zufügen und kurz vermengen, nicht zuviel damit der Kuchen später schön saftig ist.

Teig in die Form gießen und ca. 45 Minuten backen. Mit einem Holzspieß prüfen, ob der Teig durchgebacken ist, sonst noch 5-10 Minuten weiterbacken. Falls der Teig oben zu dunkel wird mit Alufolie abdecken.

Kuchen gut abkühlen lassen und aus der Form holen. Mit Puderzucker bestäuben und eventuell mit Zuckerstreusel verzieren.

Vielen lieben Dank!!!

Es gibt so viele Menschen, denen ich für ihre Unterstützung bei diesem Projekt danken möchte – vor allem für die tollen Erfahrungen, die ich in den vergangenen zwei Jahren gemacht habe.

Der erste Dank geht an die lieben Leser meines Blogs „Villa König". Denn erst durch den Blog kam der Stein sozusagen ins Rollen. Lieben Dank an Susanne von „Helmold & Hertrich", der Überbringerin der guten Nachricht. Ich konnte es gar nicht glauben, als du mir vom Interesse des Verlages erzähltest.

Ein Dank auch dem Verlag BusseSeewald, und hier insbesondere Frau Klar und Frau Rauch. Für ihr Vertrauen, für ihre tolle Unterstützung und für ihre Geduld. Die Zusammenarbeit hat mir sehr viel Spaß gemacht.

Vor allem aber möchte ich meiner Familie und meinen Freunden für ihre Unterstützung und Motivation ganz herzlich danken. Meinem lieben Mann, der, ohne mit der Wimper zu zucken, all meine verrückten Deko-Ideen mitmacht und mich immer wieder motiviert,

mich noch mehr der Fotografie und Dekoration zu widmen. Meinen lieben Schwiegereltern, meiner Schwägerin und meinem Schwager für ihre Unterstützung. Renate, Lothar, Katrin und Marcus, ihr seid einfach toll!!! Danke, dass ihr meine Sperenzien stets mitmacht und mit mir den ein oder anderen Lachanfall bekommt. Das gilt auch für Anja, Rüdi und Inge! Ihr wart meine „Supermodels".

Außerdem ganz lieben Dank an meine Eltern, Cliona, Mike und Andrea für euren Glauben an mich. Familie Grothe für die leckersten Kirschen, Pflaumen und Äpfel, mit denen sie uns immer so verwöhnt, und ein Dank an Iris Weymann für das hübsche Geschirr.

Auch einen lieben Dank an meine Kunden: Es ist jeden Tag aufs Neue eine große Freude mit Ihnen.

Danke auch an Sie, die Sie mein Buch gekauft und gelesen haben. Ich hoffe, Sie hatten beim Lesen, vielleicht auch beim „Stöbern" nach neuen Ideen, genauso viel Freude wie ich beim Schreiben dieses Buches.

Wer noch mehr Lust auf die Villa König bekommen hat – in meinem Blog geht es weiter: villakoenig.blogspot.de

Bezugsquellen

Es gibt viele wunderbare Hersteller und Shops, bei denen ich gern einkaufe. Hier finden Sie all die schönen Dinge, die ich für die Dekorationen in meinem Buch genutzt habe. Hier eine kleine Auswahl:

VILLA KÖNIG

Vor drei Jahren habe ich die Villa König ins Leben gerufen, um meine Leidenschaft für schöne Dekorationen auch beruflich ausüben zu können. Hier biete ich nun liebevoll ausgesuchte Herzensdinge an, die das Leben schöner machen und den Alltag zum Fest werden lassen.

In der Villa König gibt es Cath Kidston, Ib Laursen, Krasilnikoff, Affari, Riess Emaille, Miss Étoile, Madam Stoltz und noch eine Reihe anderer Marken.

www.villakoenig.de
villakoenig.blogspot.de

WINDMÜHLE 21

Iris Weymann, Inhaberin der Windmühle 21, liebt den Shabby- und Vintage-Stil des Nordes, genauso wie das Elsass mit seinen großartigen Flohmärkten, auf denen sie nostalgische und seltene Stücke findet. Die Windmühle bietet zudem schöne ausgesuchte Dinge aus Skandinavien an. Dort finden Sie Marken wie GreenGate, Ib Laursen, Paiting the Past, um nur einige zu nennen. Dazu gibt es viele ausgefallene Vintage-Stücke.

Windmühle 21
Iris Weymann
Staufener Straße 21
79258 Hartheim
www.windmuehle21.blogspot.de

BLUEBOXTREE PARTIES

Das Motto der Inhaberin Sonia Hummitzsch lautet: „In der heutigen schnelllebigen Welt sollten Sie es sich nicht nehmen lassen, wichtige Momente in Ihrem Leben und dem Ihrer Lieben ganz besonders zu feiern und so wertvolle Erinnerungen zu schaffen!"

Diese Vision ist zentral für die Unternehmensphilosophie von BLUEBOXTREE. Es hat sich auf besondere Party- und Back-Accessoires für Kindergeburtstage, Partys, Hochzeiten, Taufen und Anlässe jeglicher Art spezialisiert.

www.blueboxtree.com

NOSTALGIE IM KINDERZIMMER

Nicht nur für das Kinderzimmer gibt es dort Herzensdinge zu entdecken, sondern für jeden Lebensbereich. Tolle Accessoires, Schönes fürs gemütliche Zuhause und liebevolle Kleinigkeiten für Groß und Klein sind bei Nostalgie im Kinderzimmer Programm. Dort finden Sie Marken wie House Doctor, Maileg, GreenGate, Bloomingville, Lexington, Rice, PiP und viele mehr.

www.nostalgieimkinderzimmer.de

DIE HERZENSWERKSTATT

Das Motto der Herzenswerkstatt lautet: „Schönes mit Herz und Hand gemacht!"

Lauter individuelle schöne Porzellanstücke. Hier fand ich das zauberhaft bemalte Porzellan mit den Streublümchen.

www.die-herzenswerkstatt.de

BLUMENHAUS PEHLE

Hier fand ich die schönsten Blumen, den besten Service und die fachkundigste Beratung für mein Buchprojekt.

Bahnhofstraße 37
33813 Oerlinghausen

ROSENSTOFFE-SHOP

Ein Shop mit wunderschönen Stoffen. Eine feine Kollektion hochwertiger Patchworkstoffe – junge, frische Stoffe mit modernen, zeitgemäßen amerikanischen Designs wie man sie von Joel Dewberry, Heather Bailey, Tanya Whelan oder Anna Maria Horner kennt.

www.dawanda.com/user/Rosenstoffe-Shop

STEMPELKNOPF

Hier gibt es handgemachte Stempel mit zauberhaften Motiven. Alle meine Weihnachtsstempel stammen von hier.

www.stempelknopf.de

Meine derzeitigen Lieblingshersteller, die ich oft und gerne in der Zeit, als das Buch entstand, nutzte.

CATH KIDSTON
www.cathkidston.com

GREENGATE
www.greengate.dk

IB LAURSEN
www.iblaursen.dk

MISS ÉTOILE
www.missetoile.dk